Spuren im Universum

Fußabdruck der Schöpfung

HANS ZIRNGIBL

Spuren im Universum.

Fußabdruck der Schöpfung

Die Bewältigung der Angst vor dem Tod

Bibliografische Information der Deutschen Nationalbibliothek
Die Deutsche Nationalbibliothek verzeichnet diese Publikation in der Deutschen Nationalbibliografie; detaillierte bibliografische Daten sind im Internet über http://dnb.d-nb.de abrufbar.

Umschlagdesign, Satz, Herstellung und Verlag:
BoD – Books on Demand, Norderstedt
ISBN 978-3-7557-0328-0

Inhalt

3. Teil
Über den biblischen Weg
Überlieferungen der Menschheit in Jahrtausenden

4. Teil
Über eine Höhere Macht
Antwort auf die Gottesfrage

Der Mythos des Nichts

Aus dem Nichts erschien der winzige Punkt einer Energiefluktuation –
das Weltall war geboren;
es dehnt sich aus, es bläht sich auf in Zeit und Raum – rasend schnell.
Schon vierzehn Milliarden Jahre beschleunigt die Expansion
und in den riesigen Weiten des Alls wirken die Sterne wie verloren.
Die gigantische Blase des Universums, voll Energie, stößt hinein
in den grenzenlosen Abgrund des Nichts; da gibt es keine Energie, keinen Funken hell,
nicht Raum, nicht Zeit, nur tiefes Dunkel – da ist kein materielles Sein.

Ursache der Existenz allen Seins ist unendlicher Geist, immateriell wie das Nichts.
Darin schwebt endlich und materiell das Universum, der Kosmos des Lichts.
Sonnen erbrüten Atome, explodieren, schleudern Sternenstaub hinaus
und es werden Moleküle daraus, was dem Bauplan des Lebens entspricht.
Der Urgeist ist willens, das Weltall gezielt zu lenken
und es bringt Gehirne hervor zum abstrakten Denken.
Menschliches Bewusstsein genügt dieser Norm,
nachzudenken ist bereits Anderer Geist in kleinster Form.

Mit einem Evolutionssprung – es werde – erschien auf der Erde die Menschheit
und wuchs in Jahrtausenden an Klima- und Umweltkatastrophen,
gibt es doch Fortschritt durch die Lösung von Problemen und Reife durch Leid.
Die Bewährung in Not und in Gefahren sind die nötigen Triebe,
auch der Mensch selbst möchte sich ständig erproben, so ist er für das Dasein bereit.
Sinnlos wäre, wenn es allein dabei bliebe.
Die Metamorphose des Menschen im Tod, ohne die Last der Welt,
ist die Verwandlung vom primitiven- zu reifem Geist,
der im Jenseits seine Bestimmung erhält.
Integriert in den Allgeist, solange das Weltall besteht?
Oder in den Urgeist, wo menschliches Leben nie mehr vergeht?

Im Nichts ist schlafender Geist, passiv, emotionslos, allein;
mit einem Potential, das allwissend und allmächtig heißt.
Wenn der Urgeist erwacht, will er emotional, will Person, will ein Ich sein.

Dafür benötigt das Ich ein Du, es braucht als Partner ihm ähnlichen Anderen Geist,
der aus eigener Tradition geworden, selbstverantwortlich die freie Entscheidung behält.
Der Urgeist erzeugte aus sich heraus das All, das er umfasst, das er durchdringt,
dem er als Operativer Geist unerkannt die Richtung weist.
Als Allgeist ist er darauf bedacht, dass sein Projekt über Äonen gelingt,
bis der Kosmos in 10^{000} Jahren am Ende zerfällt.

Die Naturgesetzte wurden in einen einzigen Punkt gepackt,
bis 60 Stellen hinter dem Komma exakt –
das Weltall mit denkendem Leben würde es sonst nicht geben.
Der Andere Geist ist das Ziel allen Strebens.

Hans Zirngibl

Vorwort, Gedankenbilder

Er hatte einen Traum. Die Vision einer Weltumsegelung allein in einem Boot. Sponsoren und Spenden machten es möglich, denn er hatte schon einige Regatten gewonnen und man glaubte daran, dass er es schaffen würde. Wie ihm der Bootsbauer versicherte, wäre das Boot praktisch unsinkbar, da der Kiel verstärkt sei und ähnlich einem Schlauchboot Airbags das Kentern verhindern würden, schließlich ginge es um sein Leben. Deshalb glaubte er fest daran, aller Voraussicht nach das Abenteuer zu bestehen.

Um mit Überzeugung etwas glauben zu können, braucht der Mensch belastbare Fakten oder glaubwürdige Hinweise.

Die Basis eines Glaubens bilden realistische Beweise bzw. logische Indizien.

Mit seinen Regatta-Gewinnen hatte der Segler Fähigkeiten bewiesen, an welche die Sponsoren glauben konnten, auch wenn man es natürlich nicht sicher wusste. Die beiden zusätzlichen Einbauten wiederum ließen ihn glauben, dass nichts passieren konnte, auch wenn es nicht beweisbar war.

Ohne Vermutungen, Theorien und Glauben kommen wir schon im Alltag nicht weiter. Wieviel mehr, wenn es um große Fragen geht, die drängend im Raum stehen.

Stellen Sie sich die Frage, ob das Weltall von einer höheren Macht erschaffen wurde oder zufällig von selbst entstand, dann sind Sie eine/r unter Millionen, die eine Antwort suchen.

Zum einen liefert die Astrophysik dafür Hinweise, die wir gemeinsam prüfen wollen, ob sie den ideologischen Glauben an die Schöpfung rechtfertigen.

Zum anderen werden wir darüber nachdenken, welche Konsequenzen sich daraus ergeben würden, wenn die Spuren im Universum der Fußabdruck eines Schöpfers wären.

Eine zweifelsfreie Erklärung, was der Grund für die Entstehung des Universums sein könnte, gibt es nicht.

Aber jeder kann sich aufgrund von Fakten, Hinweisen und Indizien seine eigene Meinung bilden. Dazu braucht es ein wenig Fantasie und Vorstellungskraft, um zu glauben, was man nicht sicher wissen kann. Ohne glaubhafte Schlussfolgerungen kommt menschliches Denken schnell in eine Sackgasse.

Betrachten Sie die hier gesammelten Gedanken wie in einer Bildergalerie, um sich Ihr eigenes Bild zu machen.

Jeder sieht ein Bild etwas anders, je nach seinem Geschmack und den Voraussetzungen, die er mitbringt.

Besuchen Sie eine große Bilderausstellung, werden Sie das eine oder andere Bild intensiv betrachten und sich Gedanken darüber machen. Manche sprechen Sie mehr an, andere weniger und einige gefallen Ihnen vielleicht nicht.

Sehen Sie diese »Spurensammlung« als eine Collage von Ansichten, Gedanken und Indizien zu der Frage nach dem Sinn der Existenz des Universums – des eigenen Lebens.

Woher kommt alles Sein, wohin wird es führen?

»Solange mich niemand danach fragt ist mir, als wüsste ich's. Doch wenn mich jemand danach fragt, weiß ich's nicht.«

(Augustinus)

Erwarten Sie von mir nicht ein fertiges Resultat, sondern vielmehr eine Unterstützung zur Suche nach der Antwort für den Grund allen Seins. Natürlich kommt meine Sicht in der Zusammenstellung dieser »Collage« zum Ausdruck.

Das bedeutet aber nicht, dass Sie sich unbedingt meinen Ansichten anschließen.

In dieser Spurensammlung finden Sie die Ergebnisse aus jahrelangen Recherchen und Gesprächen mit vielen Menschen zu den Fragen: »Woher – Wohin – Wozu?«

Diese habe ich lediglich in eine allgemeinverständliche Form von »Gedankenbildern« gebracht – überwiegend ohne Kommentar (auch wenn ich manchmal anderer Meinung bin), damit Sie sich über die Informationen und Denkanstöße möglichst objektiv Ihre eigenen Gedanken machen können. Dazu enthält dieses Buch zusätzliche

Informationen über Wissensgebiete, die zu unserem Thema einen Beitrag zu leisten vermögen.

So lassen sich Verbindungen herstellen, um aufgrund der einzelnen Gedankenbilder einen Gesamteindruck zu bekommen.

Das Ganze ist mehr als die Summe seiner Teile.

Dem Spezialisten auf einem Gebiet fehlt mitunter der Überblick über das große Ganze.

Es gibt verschiedene Perspektiven zur selben Thematik.

Wie auch z. B. unterschiedliche Maler auf einem Bild dasselbe Motiv nach ihrer jeweils eigenen Sichtweise interpretieren.

Dies gilt auch für einige Denkrichtungen, die auf verschiedenen Wegen zu den gleichen oder ähnlichen Ergebnissen kommen, wodurch vieles besser verständlich und glaubhafter wird.

Zur Orientierung kann man auf Zitate und Überlegungen von Leuten zurückgreifen, die sich mit den einen oder anderen Fragen intensiv befasst haben.

Eigene Gedanken können dabei Schlussfolgerungen ergeben, die andere Menschen jedoch vielleicht nicht genauso sehen.

Eine kontroverse Diskussion über spirituelle Ansichten führt womöglich in eine Sackgasse, wenn bei diesem sensiblen Thema konträre Meinungen aufeinanderprallen.

Die Anschauung anderer zu respektieren, auch wenn man selbst nicht deren Meinung ist, erlaubt es womöglich, den eigenen Standpunkt zu vertreten.

Jedoch ist es in manchen Fällen besser, sich nicht zu äußern. Je nach Temperament könnte es zu Handgreiflichkeiten kommen. Glaubenskriege und Terrorismus haben hier ihre Wurzeln.

Vermutlich machten sich Menschen immer schon ähnliche Gedanken, aber kaum einer spricht über Sinn oder Gott, da wir uns nicht sicher sind.

Wahrscheinlich geht es uns wie Augustinus.

Meinungen zu diesem Thema kommen zum großen Teil aus einem vagen nebulösen Bauchgefühl, aus der Intuition in die alle Informationen einfließen, die man aber erst genauer definieren muss.

Greifbarer wird Spiritualität durch religiösen Glauben.

Das sollte aber nicht bedeuten, dass man seinen Verstand abschaltet und eine Religion unbesehen akzeptiert, ohne grundsätzlich darüber nachzudenken.

Die Grundlagen einer Religion müssen vor der Vernunft bestehen können. Es ist schwer möglich, ohne Begründung zu glauben.

Nicht alle Menschen haben die Freiheit wie wir, ihre Meinung öffentlich zu vertreten.

Die Kehrseite der Gedankenfreiheit ist die damit verbundene eigene Verantwortung, um die richtige Perspektive für den Sinn des Lebens zu finden.

Manch einer fühlt sich überfordert und er »denkt mal« lediglich daran, was er nicht will und ohne zu hinterfragen spontan ablehnt, um sich nicht weiter damit befassen zu müssen.

Theologische und philosophische Abhandlungen könnten zu unseren Überlegungen etwas beitragen. Sie sind mitunter jedoch so unverständlich, als sollten sie gar nicht verstanden werden. Dann kann man bereits von »Herrschaftswissen« sprechen.

Manfred Lütz sagt, dass er nach dem Theologiestudium in der Lage war, einen einfachen Sachverhalt so darzustellen, dass ihn keiner mehr versteht.

Lassen Sie sich von der angebotenen »Gedankensammlung« inspirieren – auch wenn Sie nicht alles für richtig halten, so wie man sich seiner eigenen Überlegungen auch nicht immer ganz sicher ist.

Möglicherweise könnte ein Wissenschaftler den einen oder anderen dieser Gedanken zerpflücken. Aber auch die Fachleute sind sich sehr oft nicht einig und spekulieren auf einem hohen Niveau.

Auf dem Level des »normalen Menschenverstandes« hilft das »Bauchgefühl« der Intuition mitunter weiter als lediglich scharfsinnige Überlegungen.

Intuitiv erfasst man mit einem »Aha-Effekt«, was einzelne Informationen der »Bildergalerie« bedeuten und ordnet sie sofort in ein Gesamtbild ein.

Mit einer intuitiv-kreativen Idee ergeben sich oftmals ungeahnte Zusammenhänge. Anschließend noch genauer darüber nachzudenken oder zu meditieren, vertieft den Gedanken und Sie dringen weiter zum Wesentlichen vor.

Ausführliche Informationen über Intuition finden Sie im Kapitel: „Die Sache mit dem Glauben“.

1. Teil

Spurensammlung aus der Naturwissenschaft

1 Standpunkt im All und auf der Erde

Inmitten des Universums, zwischen Eiseskälte und Gluthitze, stehen wir auf diesem lebensfreundlichen, durchschnittlich 18° C warmen Planeten und versuchen uns zu orientieren.

Die Temperatur des Universums beträgt minus 271° Celsius.

In unserer Nachbarschaft haben wir einen Glutofen mit 5 000°C auf der Oberfläche und Millionen Grad Hitze in den von der Sonne ins All geschleuderten Protuberanzen – trotzdem gibt es uns.

Um ein Gefühl und einen ungefähren Eindruck von der gewaltigen Weite des Universums zu bekommen, werden die Entfernungen in Lichtjahren angegeben. Das Licht legt in 1 Sekunde 300 000 km zurück, die gesamte Stecke in einem Jahr wird als ein Lichtjahr bezeichnet. Von der Erde bis zum Zentrum unserer Milchstraße sind es 27 000 Lichtjahre und bis zur Nachbargalaxis Andromeda 2,5 Millionen Lichtjahre.

Ohne dass es uns bewusst wird, bewegt sich die Erde mit unterschiedlichen extremen Geschwindigkeiten.

Allein bei dem Gedanken an die Erdrotation um die eigene Achse mit 1 700 km/h könnte man schwindlig werden. Dazu sind wir noch mit 107 000 km/h des Erdumlaufs um die Sonne unterwegs.

Der Spiralarm unserer Galaxis, in der wir leben, rotiert gleichzeitig mit 810 000 km/h inklusive unseres Sonnensystems um das galaktische Zentrum.

Dabei nähern sich Erde, Sonnensystem und Milchstraße durch die Expansion des Universums mit einer Geschwindigkeit von 230 000 km/h unserer Nachbargalaxis.

Nun kann ich mich ganz klein fühlen oder es großartig finden, wie gewaltig und riesig meine Umwelt ist.

Auch wenn der räumliche Horizont unserer Umgebung derart weit ist, werden wir uns mit den naheliegenden realistischen Dingen befassen müssen. Um nicht in kleinlichem Denken zu stagnieren, ist es jedoch hilfreich, einiges aus der Adler- und nicht nur aus der Froschperspektive zu betrachten.

Der Philosoph Descartes meint, sicher sei zunächst nur: »Ich denke, also bin ich.« Alles Weitere wäre zweifelhaft.

Von diesem Standpunkt aus lassen sich oberflächliche Beurteilungen hinterfragen, unvoreingenommen analysieren, einordnen und objektive Meinungen bilden. Auch wenn der Philosoph Recht haben sollte, wird kaum jemand in der Realität eine derart extreme Position beziehen.

Bei der Suche nach einem Sinn hinter den Dingen verstellen oft eigene unverhandelbare Meinungen und Vorurteile sowie allgemein übliche Ansichten den Blick auf das Wesentliche.

Sei es nur vorübergehend, um eingefahrene Geleise zu verlassen und unbelastet neue Wege zu erkunden, wäre es eine Möglichkeit, das Wort »aber« nicht zu gebrauchen. Damit bleiben Sie offen für die Gedanken, die Ihnen in diesem Buch angeboten werden. Nimmt man die Perspektive eines toleranten, neutralen Beobachters ein, erweitern neue Erkenntnisse den Erkenntnishorizont.

Ein Liebhaber klassischer Musik, der seine Symphonie auswendig kennt, ist entsetzt, wenn einige Teile neu interpretiert werden. Ein anderer ist dafür offen, und erfreut sich daran.

Psychologisch gibt es den Inerita-Effekt, d. h. eine vorgefasste Meinung trotz gegenteiliger Beweise nicht zu ändern.

Juristisch spricht man vom »Hochmut des Richters«.

Das menschliche Gehirn kann nur einen kleinen Bereich der Wirklichkeit erkennen. Dass wir von unterschiedlicher elektrischer Strahlung, wie etwa Radiowellen, unbemerkt durchdrungen werden, zeigen uns lediglich technische Erfindungen. Dadurch wissen wir von der Dunklen Materie und der Dunklen Energie, die 95 Prozent unserer Umgebung ausmacht, obwohl wir sie selbst mit den empfindlichsten Instrumenten nicht wahrnehmen können.

Es gilt als sicher, dass wir u. a. der Dunklen Materie unsere Existenz verdanken (Kapitel »Indizien«).

Die Gesetze der Evolution haben bewirkt, dass wir geworden sind wie wir sind. Z. B. sehen unsere Augen genau im Bereich der Wellenlänge des Sonnenlichts. Röntgenstrahlen oder Infrarot zu sehen wäre für uns auf dieser Welt nicht überlebensnotwendig.

Wo wir geboren wurden und wann wir angekommen sind, steht auf unserer Geburtsurkunde. Jedoch waren wir da schon monatelang unterwegs. Wenn Sie ganz an den Anfang Ihrer Existenz gehen, erscheint es logisch, dass mit der Entstehung der unverwechselbaren Doppelhelix der DNA das menschliche Leben beginnt.

Ein Neugeborenes besitzt in der Regel alle Organe, Gliedmaßen usw. – lediglich das Gehirn ist noch nicht vollständig ausgebildet, damit es sich aufgrund von Informationen aus der Umwelt entsprechend formen kann. Durch die Menschen und die Umgebung des Säuglings gestaltet sich sein Denken, wobei Informationen und Erfahrungen verarbeitet werden.

Das Gehirn (Hardware) ist Werkzeug von Psyche, Bewusstsein und Geist (Software).

Nachdenken, Emotionen und Intuition können bei manchen Überlegungen zu völlig unvorhersehbaren Ergebnissen führen.

Der Geist ist das Produkt von Gehirnsubstanz, chemischen Reaktionen, elektrischen Leitungen usw.

Neurowissenschaftler dachten noch vor wenigen Jahren, dass das Gehirn selbst denkt, entscheidet und wir führen nur aus, was vorher schon beschlossen war. Man verortete Kreativität in einen Zufallsgenerator, der zwischen Synapsen sitzen würde.

Für das Bewusstsein und die Intuition des Menschen braucht es jedoch eine gebündelte Leistung mehrerer Gehirnareale.

Haben Sie sich schon einmal gefragt:

Wer bin ich eigentlich?

Sind meine Arme und Beine an mir dran oder bin ich Arme und Beine?

Bin ich einfach ein gut organisierter Zellenhaufen?

Ich denke (also bin ich).

Ich bin Körper und Gehirn (hormongesteuert).

Ich bin Psyche und Verstand,

Bewusstsein, Geist und Seele.

Ich bin ein individueller Teil des Universums – lediglich eine Durchgangsstation der Materie.

10 % der Wasserstoffatome in meinem Körper sind 13 Milliarden

Jahre alt. Der Rest besteht aus schwereren Atomen, aus »Sternenstaub«, wie alles um mich herum.

Sonnen, die schließlich explodiert sind, haben diese Atome »erbrütet«, ins All geschleudert und dadurch die Bausteine der Materie als Voraussetzung zur Entstehung von Leben geliefert.

Informationen darüber, was anscheinend ist und was um uns vorgeht, werden vom Gehirn registriert.

Dies ist die (innere) Welt, in der wir leben.

Augen, Ohren, Tastsinn, Geschmack und Geruch übermitteln Signale.

Dadurch entsteht im Gehirn ein Bild, das zusammen mit Erfahrungswerten einen Ausschnitt der Umwelt abbildet.

Das Gehirn ordnet diese Wahrnehmungen nach eigenen Regeln als Annäherung an die reale Wirklichkeit.

Neuere Forschungen lassen vermuten, dass unser Gehirn im Kopf das dritte von drei Gehirnen ist, die sich im Lauf der Evolution entwickelt haben.

Unsere frühesten tierischen Vorfahren wurden durch Bakterien gesteuert. Dies haben sie uns als »erstes Gehirn« hinterlassen. Deshalb mögen Sie eine Lieblingsspeise oder es ekelt Sie instinktiv vor manchen Dingen.

In Studien scheint es, als hätten Bakterien einen direkten Einfluss auf charakterliche Eigenschaften, Individualität und Intelligenz des Menschen.

Myriaden von Bakterien übersteigen die Anzahl unserer gesamten Zellen im Körper bei Weitem. Ohne die »guten« Bakterien wären wir nicht lebensfähig.

Als nächstes entwickelte sich das »Bauchgehirn«.

Im Bauch gibt es eine starke Konzentration von Nervenzellen und Nervenbahnen. Sogar krankhafte Erscheinungen wie Alzheimer findet man bei Nervenzellen im Bauch.

Gebündelte Nervenkonzentrationen, wie etwa das Sonnengeflecht, der Solarplexus, lösen positive und negative Empfindungen aus. Ebenfalls beteiligt sind Sympathikus und Parasympathikus mit ihren Steuerfunktionen. Jeder kennt das Bauchgefühl wie Übelkeit bei Angst, oder Kribbeln im Bauch.

An einer Universität in Frankreich sind Forscher zu dem Schluss gekommen, dass zuletzt das »Kopf-Gehirn« als Sitz unseres menschlichen Bewusstseins entstand. Dieses verwertet als Schaltzentrale die Impulse von Bakterien, Bauch, Genen, Hormonen und Informationen unserer Sinne.

Unser (Kopf)Gehirn ist der Bereich des abstrakten Denkens, einem höheren Bewusstsein entsprechend.

Durch das geistige Potenzial, die Intelligenz des gesamten Körpers, ist der Mensch »beseelt«. Demnach müssten bei der Zeugung durch die Verbindung von zwei unterschiedlichen Zellen alle spezifischen Eigenschaften des Körpers, einschließlich der »Beseelung« weitergegeben werden.

Die Psyche wird von unterschiedlichen körperlichen Intelligenzen gesteuert. Psyche ist nicht »Seele«.

Nach dem »Inselmodell« von Vera Birkenbiel sitzt der Mensch auf einer Insel mit seinen gesammelten Erfahrungen, welche die Grundlage für alle seine (vorgefassten) Meinungen bilden.

Von dort stellt er Verbindungen zu anderen Inseln her, um Informationen auszutauschen.

Vielleicht sind bei den hier zusammengetragenen Gedanken einige Anregungen, die Sie, im Austausch mit anderen Inseln, in Ihre Sichtweise integrieren können.

Man muss ja nicht unbedingt, wie Descartes, alles zunächst in Zweifel ziehen. Jedoch kann es nützlich sein, den Kern von Informationen herauszufiltern und eigene Vorurteile sowie fremde Meinungen dazu nicht unbesehen als ultimative Fakten zu übernehmen.

Eine neutrale Haltung zu den Gedanken-Bildern bekommt man mitunter erst, wenn man sich genauer damit auseinandersetzt und nicht flüchtig darüber hinweggeht.

Oosterhuis[1]
Wir haben ein Bewusstsein von einer Verbundenheit mit Allen, mit Freunden, Unbekannten, in Zeit und Raum voneinander Getrennten, schicksalhaft verbunden im Elend und Trost der menschlichen Existenz. *Wir wissen von der Ohnmacht, wie faktisch unmöglich es für Menschen ist, mit mehr als zwei oder drei zusammenzugehören. Wir wissen also, dass wir allein sind und es selbst tun müssen. Und dieses »Selbst« zerfällt dann auch noch in Bruchstücke, in sich widerstrebende Gedanken und Impulse, gemischte Gefühle. Wer hinabsteigt in sich selbst, trifft eine verwirrende Mischung aus Angst und Kraft, Liebe und Hass, Zartheit und unbestimmter Wut. Das alles bin ich. Wir sind uns selber ausgeliefert, der angefochtenen Stimme unseres Gewissens, dem flackernden Licht unserer eigenen Erkenntnis. Und doch ist etwas in uns, das uns glauben lässt, dass wir zur ganzen Welt gehören.*

Seit unsere Ahnen ihre Toten bestatteten und von der Annahme ausgingen, dass es ein Jenseits geben könnte, kam der Gedanke an eine höhere Macht auf.

Die Frage bewegt die Menschen immer schon, ob alles zufällig von alleine entstand oder erschaffen wurde.

Zur Entwicklung des Universums gibt es eine ganze Anzahl naturwissenschaftlicher Indizien, die sich ideologisch als Ursache zur Entstehung des Universums deuten lassen.

Die Naturwissenschaft stellt nicht die Frage, aus welchem Grund es das Universum gibt. Kosmologie sucht danach, warum sich aus winzigen Elementarteilchen immer komplexere Materie bildete.

Man könnte aber auch denken, dass für einen übergeordneten Plan komplexe Bereiche (wie z. B das Leben) die Existenz und Eigenschaften der Elementarteilchen, von Quarks und Atomen erforderlich gemacht haben.

Naturwissenschaft ist offen, erforscht Einzelteile, Lücken im Wissensbereich und versucht dabei, möglichst viel einer ganzen Wahrheit zu erkennen.

1 aus »Ich steh vor Dir«, Herder Verlag.

Wie man z. B. in einem Text einzelne Wörter und Satzteile zu verstehen versucht, um den Sinn des Ganzen herauszufinden. Allerdings besteht die Gefahr von Spekulationen und vagen Theorien aufgrund dürftiger Fakten. Auf der Basis von Beweisen sind Theorien der »naturwissenschaftliche Glaube«.

Darüber hinaus brauchen die einzelnen Erkenntnisse einen Zusammenhang, eine Idee für einem Sinn mit einem Ziel.

Diese Idee, die Ideologie, führt von der wissenschaftlichen Forschung bis zur möglichen Antwort für den eigentlichen Sinn unserer Existenz.

Naturwissenschaftliche Fakten, Indizien und Hinweise aus der Astrophysik lassen logische Schlüsse für belastbare Vermutungen der Spuren einer Schöpfung zu.

Religion ist eine in sich geschlossene Ideologie.

Wenn man in die Religion Erkenntnisse der Forschung aus der Naturwissenschaft einfügen kann, wird dies das Verständnis der Ideologie vertiefen. Sowohl die Theologie als auch die Naturwissenschaft stellen sich die Sinnfragen: woher? wozu? wohin? – und gehen dazu unterschiedliche Wege.

Auch anerkannte Theorien der Naturwissenschaft bilden nicht mit Sicherheit die Wirklichkeit ab. Sie sind der letzte Stand der Dinge, an die man glauben muss.

Durch Falsifizierung d. h. laufende kritische Überprüfung, werden alte Theorien verworfen und neue aufgestellt, an die man nun wiederum glaubt.

Im Glauben treffen sich Naturwissenschaft und Religion.

Der Unterschied besteht darin, dass es das Anliegen der Naturwissenschaft ist, Einzelfunktionen zu entdecken, ohne ethische Werte oder einen ideologisch darüber hinausgehenden spirituellen Sinn.

Der konstante Glaube der Religion ist ein Weltbild, in dem es eine untergeordnete Rolle spielt, ob in manchen Fällen Einzelheiten richtig oder falsch sind, da diese eher symbolisch gesehen werden, um den letzten Sinn zu deuten.

Zwischen Wissenschaft, Theologie und interessierten Menschen gibt es sprachliche Verständigungsschwierigkeiten, wodurch eine gewisse Aversion entsteht.

Die nüchterne wissenschaftliche Ausdrucksweise ist völlig verschieden von der Sprache des Glaubens, bei der es nicht um Fakten, sondern um Symbolik und Ideologie geht.

Die Naturwissenschaft befasst sich damit, wie etwas entstanden und wie es beschaffen ist.

Damit sind aber die drei Sinnfragen, woher? – wohin? – wozu? nicht beantwortet. Jedoch kann Wissenschaft religiösen Glauben rational ergänzen.

Das Wissen um eine vernünftige Begründung ist die Basis religiöser Ideologie, wenn Wissen endet und der Glaube an den finalen Sinn beginnt.

Je mehr Forschungsergebnisse die Ideologie untermauern, umso verständlicher wird die Symbolsprache.

2 Sinn im Leben und darüber hinaus

Sinnfragen können nur Lebewesen stellen, die in der Lage sind, nicht nur zu denken, sondern nachzudenken.

Warum ist nicht nichts? Welchen Sinn hat alles?

Mit dem Verstand unterscheiden wir zwischen möglich und unmöglich, mit der Vernunft zwischen sinnvoll und sinnlos.

Menschen haben unterschiedliche Ansichten darüber, was sinnvoll ist. Eine Tätigkeit, sei sie noch so geringfügig, können wir ohne einen vernünftigen Grund nicht akzeptieren.

»Wenn etwas für mich keinen Sinn und Zweck, keine Bedeutung hat, befasse ich mich nicht weiter damit.«

Bereits in ganz alltägliche Dingen müssen wir einen Sinn finden, um zielgerichtet tätig werden zu können oder um überhaupt einen Gedanken daran zu verschwenden.

Woher beziehen wir unsere Informationen über unsere Umwelt? Das Gehirn interpretiert elektromagnetischen Wellen und ordnet ihnen eine Bedeutung, einen bestimmten Sinn zu.

Diesen Informationen, die über die Sinnesorgane zu uns gelangen unterstellen wir, die objektive Realität zu sein.

So denken und handeln wir nach Überzeugungen, die mit der Wirklichkeit manchmal wenig zu tun haben.

Jedoch würden Orientierungslosigkeit, Angst und Sinnlosigkeit die Folge sein, wenn wir nicht ständig durch die Suche nach einem Sinn unsere eigene innere Welt erzeugen könnten.

Wir suchen Erfüllung in der Suche nach Sinn. Die Suche endet, wenn wir ihn gefunden haben und damit eine neue Wirklichkeit generieren.

Daraufhin machen wir uns auf eine neue Sinnsuche, um nicht in tödliche Langeweile zu verfallen, die ohne Hoffnung auf ein Ziel, auf eine Zukunft wäre.

Dabei kann es nicht ausbleiben, dass sich einige unserer Wirklichkeits-Konstrukte als unrealistisch herausstellen.

Werden damit tiefe Überzeugungen zerstört, ist in dramatischen Fällen Sinnlosigkeit ohne jede Hoffnung bis zum völligen Realitätsverlust möglich.

Entgegen dessen, was uns in den täglichen Nachrichten suggeriert wird, hatten die meisten Menschen noch nie einen so hohen Lebensstandard wie in den letzten Jahrzehnten.

Dazu muss man sich nur mit Kriegen, Seuchen und Hungersnöten einige Jahrhunderte vor unserer Zeit befassen.

Corona weist uns drastisch darauf hin, was passiert, wenn wir nicht dagegen ansteuern. Dabei ist die Gewöhnung an das gute Leben das größte Hindernis.

Es muss hinterfragt werden, ob es sinnvoll ist, lediglich mit Wellness, materieller Bedürfnisbefriedigung oder kurzlebigen Schönheitsidealen wertvolle Lebenszeit zu verbringen.

Sicher sollte man auch das Leben genießen, wenn sich dafür Gelegenheiten bieten, um in Ruhe und intensiv das Jetzt und Geselligkeit zu erleben.

Lediglich Wellness und andauernder Genuss machen jedoch überdrüssig.

Sollte es ein entsprechend hohes Grundeinkommen geben, werden wir vielleicht nur noch arbeiten, wenn wir es wollen.

Das wäre permanente Wellness. Allerdings gäbe es keine echten Herausforderungen mehr, keine Erfolgserlebnisse.

Um sich nicht nutzlos zu fühlen und unter Sinnlosigkeit und Realitätsverlust zu leiden, werden wir uns Aufgaben suchen, Hobbies – oder doch Arbeit?

Bedürfnisbefriedigung, mit der jegliche Spannung vermieden wird, kennt keinen Eustress. Im Gegensatz zum schädlichen Distress ist durch Erfolgserlebnisse bedingter Eustress unverzichtbar.

Schon kleine Dinge im Alltag brauchen für uns einen Sinn und Zweck. Wir sind auf der Suche nach Sinn, nach Kausalität in allem und über unser Wissen hinaus brauchen wir eine Sinn-Vermutung.

Ohne den »Spirit«, der allem innewohnt, ist etwas inhaltslos, sinnleer und unverständlich.

Theorien werden erdacht und an die wahrscheinlichste glauben wir, um nicht in einer Sackgasse zu landen. Auch wenn eine Theorie sich nicht bestätigt und durch eine neue ersetzt werden muss.

Es ist bereits eine Form von Spiritualität, wenn Sie Dinge, Tätigkeiten und Ideen ganz bewusst wahrnehmen und dadurch den Sinn und das »Wesen der Dinge« darin finden.

So erleben Sie das Typische, die Essenz.

Allerdings setzt das voraus, weniger zu hetzen und mehr Ruhe in sein Leben zu bringen.

Viele Leute »überholen sich selbst« d. h. noch während sie mit einer Sache beschäftigt sind, befinden sie sich gedanklich bereits bei der nächsten.

Der erste Schritt kann sein, durch Entschleunigung intensiver zu leben und Multitasking zu reduzieren.

Im »Hier und Jetzt« sich vieles bewusster zu machen ist evtl. bereits ein Weg zu einem sinnvolleren Leben.

Zum Nutzen und der Weiterentwicklung der Allgemeinheit etwas zu leisten, empfinden wir als sinnvoll. Dies ist ein Grund, warum sich Menschen in einem Ehrenamt engagieren.

Besonders Erfolgserlebnisse durch die Bewältigung von Problemen können zu einer anhaltenden Zufriedenheit und dem Gefühl eines erfüllten Lebens beitragen.

Problemlösungen für sich selbst oder für andere zu finden, etwas zu schaffen, was nicht Routine ist.

Der Urmensch stand vor riesigen Schwierigkeiten durch extreme Klimaverwerfungen, die sein und unser Gehirn geprägt haben. So sind wir auf Probleme programmiert, deren Lösungen unserem Dasein im Alltag einen Sinn verleihen.

Wir suchen ständig mehr oder weniger große Herausforderungen, um mit Problemlösungen Erfolgserlebnisse zu bekommen.

Sowohl zur Persönlichkeitsentwicklung als auch zur Selbstbestätigung.

Ein sinnerfülltes Leben bedeutet zugleich Selbstverwirklichung, die mit einem sinnentleerten Dasein nicht möglich ist.

Jedoch besteht die Gefahr, dass durch eine Form von überzogener, egoistischer Selbstverwirklichung das empathische Ich verkümmert und allmählich abstirbt.

Dagegen ist Sinnerfüllung die Abkehr vom Egoismus, den man in einer Beziehung zu anderen aufgibt.

Der Mensch findet dadurch zu sich selbst.

Das Streben nach Zufriedenheit sucht nach zumindest vorübergehenden Glücksmomenten.

Dabei kommt es auf die »Qualität des Glücks« an. Ein Stück Schokolade hat für Sie wohl einen geringeren Glückseffekt, als wenn Sie einen Menschen vor dem Verhungern retten.

Eine Langzeitstudie mit 7 000 Teilnehmern kommt zu dem Ergebnis, dass Menschen, die glauben ein sinnvolles Leben zu führen, körperlich und geistig gesünder sind und länger leben.

Der positive Effekt ist umso größer, je klarer sich der Lebenssinn abzeichnet.

Sieht die Oma, dass sie zur Betreuung der Enkel unbedingt gebraucht wird, gibt dies ihrem Leben einen Sinn. Auch die Evolution könnte eine Rolle spielen, da die Entwicklung in der Familie positiv beeinflusst wird.

Die Suche nach Sinn geht in zwei Richtungen.

Zunächst strebt der Mensch nach sinnvollen Inhalten in seinem Dasein, nach einem erfüllten Leben.

Ein sinnvolles Leben setzt sich aus vielen einzelnen »Sinnsituationen« zusammen; im Hier und Jetzt einer Person, einer Aktion, einer Sache. Am Ende unserer Tage war es ein einigermaßen sinnerfülltes Leben, wenn wir im Rückblick manches, was uns wichtig war und was wir getan haben, gut finden können. Und dass wir in tapferer Haltung ertrugen, was wir erlitten haben.

Größere Bedeutung hat die Frage nach dem Sinn der eigenen

Existenz. Erschreckend ist der Gedanke, mit dem Tod sinnlos »verenden« zu müssen.

Ein spirituell tieferer Sinn geht im Glauben an ein Jenseits über ein begrenztes, wie auch immer gestaltetes Leben hinaus.

Auch ein sinnerfülltes Leben ist jedoch noch nicht die Antwort darauf, woher wir kommen, wohin wir am Ende gehen und aus welchem Grund es uns gibt.

Blaise Pascal: *»Man* kann *nicht wissen, ob es einen tieferen Sinn gibt. Es spricht ebenso viel dafür wie dagegen. Ich muss mich entscheiden für das Wagnis des unbedingten Glaubens und danach leben.«*

Finden wir glaubhafte Hinweise für einen tieferen Sinn über den Tod hinaus, erfordert dies ein entsprechendes Verhalten. Ein Leben auf diesen tieferen Sinn hin ist die Antwort auf die drängende Sinnfrage »Wohin«.

Ein sinnvolles Leben braucht Beziehungsfähigkeit.

Der Mensch muss lernen, anderen zu vertrauen, um sich selbst zu bejahen.

Sinnlosigkeit entsteht durch Misstrauen, die generelle Ablehnung von allem und jedem, verstärkt durch Gleichgesinnte. Die Unfähigkeit, Vertrauen aufzubauen endet in der sozialen Isolation, der Verneinung anderer Menschen, eines Schöpfers und schließlich von sich selbst.

Wer keine liebevolle Zuneigung erfährt, die das Leben mit Sinn erfüllt, muss sich selbst einen Sinn schaffen.

Er will etwas leisten, im ständigen Bemühen um Anerkennung und Selbstbestätigung für einen kurzfristigen Sinn.

Manche sehen den Sinn ihres Lebens in ihrer beruflichen Tätigkeit oder Hobbies. Andere in der Zuwendung zur Familie.

Der Stimme des Gewissens folgend, in sozialen Aufgaben für die Gemeinschaft, für Bedürftige.

Womit ein höherwertiger Sinn verbunden ist.

Dies sind Glieder in einer Kette, die zur allgemeinen Weiterentwicklung der Menschheit beitragen. Mit dem Tod, dem körperlichen Supergau, endet unser Beitrag zu dieser Kette. Jedoch bleibt die Hoffnung auf ein »besseres Leben« darüber hinaus.

Für andere ist es von Bedeutung, wenn man zur Ruhe kommt, um Momente der Muße einer permanenten Hektik entgegenzusetzen. Dabei Spiritualität zu erleben, zu meditieren und nachzudenken – Stoff dazu sollten Sie in diesem Buch finden.

Man kann mit allen Sinnen naturverbunden sein:

Morgendliche Stille, am Abend die »blaue Stunde«, einen Sonnenuntergang erleben oder im Pulverschnee Ski fahren.

Einige Menschen suchen Herausforderungen in den Bergen, um sich zu bewähren. Um eine Schwindelanfälligkeit in den Griff zu bekommen, muss man darum kämpfen, sich an die Vertikale zu gewöhnen. Klettern mit Risiko verlangt Selbstüberwindung.

Auch im Sport übt der Mensch, sich gegen Widerstände durchzusetzen. Im Ausloten seiner Grenzen liegt der Sinn darin, sowohl körperliche als auch psychische Belastbarkeit zu üben.

Dies alles ist als Eustress die »Würze des Lebens«, trägt zur Persönlichkeitsentwicklung und besseren Leidbewältigung bei.

Durch die Auseinandersetzung mit dem Leid ist dessen aktive Aufarbeitung möglich, wodurch man Ursachen entdecken und schließlich wieder einen Sinn finden kann.

Ohne Probleme bewältigen zu müssen, verkümmert die Widerstandskraft.

»Was uns nicht brechen kann, macht uns stärker!«

Damit hat man einer genussorientierten Bedürfnisbefriedigung in unserer Konsumgesellschaft, einer labilen Haltung und Frustration etwas entgegenzusetzen.

Womöglich haben Sie Ihre eigene Methode, ein Gefühl für Kunst, Musik und Spiritualität zu entwickeln.

Das Gegenteil wäre emotionsloser Materialismus.

Ebenso geistloser Aktionismus oder möglichst bequem und genusssüchtig dumpf, ohne wesentliche Erfolgserlebnisse dahinzuleben.

Nach einer Tätigkeit die Energie erfordert, benötigt der Mensch »aktive« Erholung bis der Akku wieder aufgefüllt ist.

Was darüber hinausgeht, bezeichnet man als »passive« Erholung. Dabei wird möglichst angenehm die Zeit »totgeschlagen«.

Das damit verbundenes Unbehagen, wenn man nichts geleistet hat, verdrängen manche Menschen permanent mit Ersatzbefriedigung für flüchtige Glücksmomente.

Ersatzreligionen werden zelebriert, wie z. B. beim Fußball – anstatt Sport, Spiel und Spaß »vergöttern« viele Fans ihre Idole. So sprengt mitunter eine Lebensweise den normalen Rahmen und ufert exzessiv zur neurotischen Abnormität aus.

Ein Hobby, das mit Begeisterung ausgeübt wird, trägt sicher zu mehr Lebensqualität bei, wenn es nicht zum Lebensinhalt erhoben wird.

Sloterdijk: »*Wenn ein Mensch offen bleibt für die großen Themen, macht er sich nicht zum Idioten des eigenen Ich.*«

In östlichen Ländern findet man eine entspannte Haltung zu dem Wissen um den Tod. Der Tod gehört zur Normalität des Daseins. Die Verdrängung des eigenen Todes dagegen mündet in der Suche nach einem Pseudosinn, in Verschwörungstheorien und materieller Befriedigung, bis hin zu dubiosen Sekten.

»Das Verlangen nach dem Sinn gibt jedem Unsinn die Chance, sich als Heilsweg zu verkaufen.«

Eine radikale Position vertritt der Nihilismus: *Es gibt keinen Sinn allen Seins und des Einzelnen.* Diese Verneinung ohne Alternative befördert Enttäuschungen und Wertlosigkeit.

Dostojewski: »*Ohne eine Vorstellung, wozu er leben soll, will der Mensch nicht weiterleben.*«

Ein weitgehend sinnvolles, erfülltes Leben geführt zu haben, erklärt aber noch nicht unser Dasein und welcher Sinn dahinter steht.

Selbst wenn man es als wertvoll im Dienst der Allgemeinheit sehen würde, hat auch sinnvolles Tun nur einen zeitlich begrenzten Bestand und endet mit dem Tod.

Das Gute, die Moral ist im evolutionären Sinn nützlich. Gutes zu tun dient aber manchmal auch nur der eigenen Selbstbestätigung.

Von einem tieferen Sinn kann man sprechen, wenn ein Mensch sein Dasein sinnvoll gestaltet, aber auch bis über den Tod hinaus eine Perspektive erkennt.

Ein sinnerfülltes Leben allein wird noch nicht dem Verlangen nach einem tieferen Sinn gerecht.

Ebenso kann der Glaube an einen jenseitigen Sinn ein Sinndefizit im Alltag nicht kompensieren.

Die Suche nach dem letztendlichen Sinn ist die Suche nach einer höheren Macht, einem Schöpfer allen Seins.

In einem Projekt dieser Größe spielt der Mensch offenbar die Rolle, dass der menschliche Geist das Ende des materiellen Seins überdauert – als Sinn unserer Existenz.

In »Gottes wunderbarer Welt« sollte man einen Sinn suchen und finden können, sonst wäre das Universum zwecklos und die ganze bisherige Weltgeschichte sinnlos.

Sinnlos ist hoffnungslos.

Thomas Mann:

»*Kausalität, Ursache und Wirkung ist für uns lebenswichtig. Unsere Erfahrungen von Ursachen zeigen uns, was uns erwartet. Sonst wären wir orientierungslos.*

Das Sein ist eine Episode zwischen nichts und nichts.

Das Sein hat Anfang und Ende – mit ihm Raum und Zeit.

Das Nichts ist ohne Raum und Zeit, nur für eine Weile vom Sein unterbrochen. Der Beginn allen Seins entstand kraft eines
›Es werde‹ und doch war das Vergehen darin schon eingeschlossen.«

Seit die ersten Menschen ihre Toten bestattet und ihnen ins Grab gelegt haben, was sie für ein Leben im Jenseits brauchen, existiert der Glaube an einen Sinn über das irdische Dasein hinaus.

Die Hoffnung auf ein Leben nach dem Tod speist sich aus Beobachtungen der Umwelt, aus Erfahrungen und dem Wunsch nach einer Macht, die uns leitet. Dies lässt die Menschheit ahnen, dass es diesen letzten Sinn gibt.

Heidegger: »*Unser Leben ist ein Sein zum Ende.*

Unsere gesamte Existenz beinhaltet den Tod als Übergang zum eigentlichen Leben.

Das Denken kann, ohne in eine Sackgasse zu geraten, nicht auf die Wahrheit, den letzten Grund, den absoluten Sinn eines Lebens nach dem Tod verzichten.«

Im folgenden Kapitel finden Sie kurz gefasste Beispiele aus der Kosmologie, die zu der Frage »Woher« einen wesentlichen Beitrag leisten können.

3 Indizien, überall im Universum

Bewundert jemand den filigranen Aufbau einer Blume und die Schönheit der Welt, so müsste er noch mehr über die Feinstruktur des Universums staunen.

Zum Vorteil unserer Spurensuche nach der Frage »woher« hat sich der Horizont der Menschheit über die Umwelt durch wissenschaftliche Erkenntnisse erweitert.

Hier habe ich für Sie aus der naturwissenschaftlichen Forschung eine Sammlung von Überlegungen und Theorien zusammengetragen. Machen Sie sich ein Bild davon, ob die Entstehung des Universums eine Aneinanderreihung von Zufällen sein sollte oder gewollt ist.

Die Hinweise auf eine Schöpfung sind eine Zusammenstellung aus dem Allgemeinwissen, insbesondere von Interviews, Gesprächen und dem Meinungsaustausch mit Studenten der Physik, aber auch der Theologie und der Philosophie zu Themen, die jedem zugänglich sind.

Bedenken Sie, dass Sie es mit auf das Wesentliche konzentrierte reale Forschungsergebnisse zu tun haben, und nicht mit erfundenen Fantasiegeschichten.

Ich habe versucht, diese Hinweise auf die drängende Frage, ob die Entstehung des Universums und des Lebens zufällig ist oder nicht, in eine für uns Laien verständliche Sprache zu fassen.

Erst in einen Zusammenhang gesetzt, bekommen einzelne Bilder aussagekräftige Konturen.

Spuren im Kosmos:

Mit den ersten Gedankenbildern begeben wir uns in die grandiose Weite des Weltraums hinaus.

Unsere Spiralgalaxie in der wir leben, hat die Form einer Scheibe oder eines Wagenrades mit Nabe und Speichen. Das Zentrum der Galaxie und die Arme bestehen aus Milliarden Sternen.

Dort entstehen laufend neue Sterne und ältere vergehen in einer Supernova. Etwa alle 30 Jahre explodiert in unserer Milchstraße eine Supernova, die im Umkreis von 30 Lichtjahren alles vernichtet.

Es gibt nur eine schmale Zone in den sich drehenden Armen, in der keine Sterne explodieren. Dies ist die Nische, wo kein Kontakt zu den Sternentstehungsregionen stattfindet.

Genau dort leben wir auf unserer Erde. Seit vier Milliarden Jahren ist nichts geschehen, was uns ernsthaft bedroht hätte.

Wie Astrophysiker gefunden haben, scheint es die große Ausnahme zu sein, dass in dieser relativ ungefährdeten sternenarmen Zone ein Sonnensystem entstand.

Nun stellt sich die Frage, wieso es unsere Sonne mit ihren Planeten überhaupt gibt. Finden in diesem Bereich doch keine Sternexplosionen statt, welche die im Stern erbrüteten schweren Elemente ins All schleudern, als Voraussetzung dafür, dass sich eine Stern und Planten bilden konnten.

Erstaunlicherweise muss sich aber doch ein riesiger Stern (vielleicht dreimal größer als unsere Sonne) in dieser sternfreien Zone befunden haben.

Berechnungen zufolge explodierte 750 000 Jahre bevor unser Sonnensystem entstand, in diesem Gebiet eine Supernova. Dadurch bildete sich eine Gaswolke mit genügend Druck, aus der unsere Sonne und die Planeten wurden.

80 % der für uns lebensnotwendigen schweren Elemente stammen von dieser Supernova-Explosion.

Eine Gaswolke rotiert mit großer Geschwindigkeit. Um sich durch ihre eigene Schwerkraft immer mehr zu verdichten, muss sie den Drehimpuls loswerden. Es bilden sich große Klumpen, die durch Rotation den Impuls aufnehmen.

Bei 80 % aller Sonnensysteme steckt der Drehimpuls in zwei Doppelsternen, die sich rasant umkreisen und keine Planetenbildung zulassen.

In unserem Sonnensystem kompensieren die Planeten 99 % des Drehimpulses durch ihre Umlaufbahnen und die Eigendrehung.

Außer unserem ist kein Sonnensystem bekannt, in dem vorhandene Planeten den Drehimpuls übernommen haben.

In der schweren Sonne, die sich langsam einmal in 25 Tagen dreht, ist 90 % der Masse des gesamten Sonnensystems enthalten. Auf alle Planeten zusammen entfallen nur 0,9 %.

Deshalb sind stabile Umlaufbahnen der Planeten möglich.

Würde sich die Erde nicht um die eigene Achse drehen, wäre die der Sonne zugewandte Seite lebensfeindlich heiß, die andere Seite kalt und ebenfalls ohne Leben.

Nicht nur Sonnen und Planeten sind überwiegend aus dem »Sternenstaub« explodierender Sterne geworden. Auch Leben braucht für seine Existenz schwere Elemente vom Kohlenstoff über Phosphor, Schwefel bis Eisen.

Der Anteil der leichten Atome Wasserstoff und Helium beträgt immer noch 99 % im Universum. Wir selbst bestehen jedoch zu 92 % aus schweren Elementen, die in Sonnen erbrütet wurden.

Es ist nicht selbstverständlich, dass im Anfang des Universums überhaupt Sterne entstanden sind.

Damit gäbe es keine lebensnotwendigen Elemente.

Unsere Existenz hängt u. a. davon ab, dass Neutrinos, die im Stern gebildet werden, riesige Sonnen zur Explosion bringen können. Neutrinos sind derart winzige Teilchen, dass sie jede Materie ungehindert durchdringen. Im Moment rasen Millionen davon, die unsere Sinne überhaupt nicht wahrnehmen, unbemerkt durch die Zwischenräume der Atome Ihres Körpers.

Fällt ein Stern unter seinem eigenen Gewicht zusammen, erzeugt er so viele Neutrinos, dass der Stern explodiert.

Wäre die Energie eines Neutrinos ein klein wenig schwächer oder stärker – es käme zu keiner Explosion.

Es gäbe keine Supernovae und damit keine schweren Atome, die mit 20 000 km/h ins All geschleudert werden.

Den Neutrinos verdanken wir unsere Existenz.

Haben die Neutrinos das Ihre dazu getan, wäre uns damit nicht geholfen, wenn nicht die Atome ganz bestimmte Eigenschaften hätten.

Atome bestehen aus einem Kern, den Elektronen umkreisen. Hätten die Elektronen nur eine minimal andere elektrische Ladung, würde der Stern nicht zur Supernova explodieren.

Es gäbe nur Wasserstoff und Helium im Universum aber nichts, woraus wir bestehen.

300 000 Jahre nach dem Urknall bildeten sich als erstes Wasserstoffatome und daraus Helium. Plötzlich erschienen für einen winzigen Moment hochenergetische Teilchen aus der Leere des Vakuums und beendeten diesen Vorgang.

Übrig blieben 75 % Wasserstoff und 15 % Helium. Das war unser Glück, denn sonst wären nur heiße Heliumkerne entstanden, die mit harter Gammastrahlung alle Moleküle vernichtet hätten.

Leben im Universum hätte es nie gegeben.

Im Universum gibt es vier Grundkräfte, von denen jede äußerst fein justiert ist.

1. Die Schwerkraft – etwas größer, und es gäbe keine Sterne.
2. Die Elektromagnetische Kraft – etwas größer oder kleiner, und es gäbe u. a. keinen Kohlenstoff. Und damit kein Leben.
3. Die Schwache Kernkraft – etwas anders, und es gäbe keine schweren Elemente, kein Wasser, kein Leben.
4. Die Starke Kernkraft verhindert, dass alle Materie verklumpt.

Diese Kräfte sind komplex miteinander vernetzt und voneinander abhängig, damit das Universum überhaupt funktioniert.

Wären die Kräfte im Geringsten anders, gäbe es keine Sterne und uns nicht. Wir sind ein Produkt der vier Grundkräfte.

Um weitere Spuren dafür zu finden, woher wir kommen, bleiben wir mit den nächsten Gedankenbildern in unserem heimatlichen Sonnensystem.

Die größte Ansammlung von Gestein im Sonnensystem wurde zur Sonne, die jedoch noch lange Zeit von einer dichten Staubscheibe umgeben war, was den Strahlungsdruck der Sonne abbremste. Anderenfalls wären die kleineren Körper, die sich bereits zusammengeballt hatten, wieder auseinander gerissen und durch die Partikel des Sonnenwindes in den Raum hinausgetrieben worden.

Der Staub um unsere Sonne hat sich lange genug gehalten, sonst hätten sich keine Planeten bilden können.

Ein großer Teil der Gesteinsbrocken verbindet sich nicht und rotiert als »Staubgürtel« um sein Sonnensystem herum. Damit gibt es pausenlos Einschläge dieser etwa 10 Kilometer großen Asteroiden auf den Planeten. Wodurch sich diese nicht so weit entwickeln können, dass Leben möglich wäre.

Unser Sonnensystem hat den sog. Kuiper–Gürtel, dessen Felsbrocken permanent von dem riesigen Gasplaneten Jupiter eingefangen werden.

Jupiter ist mehr als doppelt so schwer wie alle anderen Planeten unseres Sonnensystems zusammen.

Im Kuiper-Gürtel ist (im Vergleich zu anderen Sternsystemen) die Ansammlung von Asteroiden um unsere Sonne prozentual verschwindend gering.

Vermutlich gäbe es sonst kein Leben auf der Erde.

Irgendwann muss ein planetengroßer Körper an unserem Sonnensystem vorbei oder hindurch geflogen sein, sodass er den größten Teil an Staub mitnahm.

Exakt auf einem Kurs, dass er die Planeten nicht aus der Bahn geworfen hat, aber anscheinend für leicht elliptische Umlaufbahnen verantwortlich ist.

Entsprechend gering war von da an die Gefahr, von Meteoriten oder größeren Brocken getroffen zu werden.

Wäre die gesamte Materie im Sonnensystem verblieben, hätten wir einen Doppelstern, der mit rasender Geschwindigkeit um sich selbst rotiert.

Ohne die Möglichkeit von Planeten und Leben.

Wenn Sie alle diese Gefahren bedenken, können wir uns glücklich schätzen auf der Erde zu leben, die wie ein blau schimmernder Edelstein vor der Schwärze des Weltalls erstrahlt.

In anderen Sonnensystemen sind die großen Gasplaneten von außen nach innen gewandert und haben die Felsenplaneten vernichtet.

Seit Milliarden Jahren umlaufen in unserem Sonnensystem Planeten die Sonne stabil auf fast kreisförmigen Bahnen.

Jupiter und Saturn sind nicht nach innen gewandert, um unsere Erde zu verschlingen. Noch einmal davongekommen.

In einem Zeitraum von 100 000 Jahren verändert sich die fast runde Umlaufbahn der Erde etwas mehr zu einer Ellipse und wieder zurück. Minimale elliptische Schwankungen führen bereits zu klimatisch unterschiedlichen Perioden.

Der Abstand Sonne/Erde verringert sich für einige Zeit und es kommt zur Erwärmung mit dem entsprechenden Treibhauseffekt. Bei einem weiteren Abstand entstehen Eiszeiten.

Durch eine etwas stärker ausgeprägte Ellipse gäbe es extreme Jahreszeiten zwischen Hitze und Kälte und kein Leben auf der Erde. Dies alles würde noch durch eine etwa alle 23 000 Jahre auftretende Schwankung und Taumelbewegung der Erdachse begünstigt – die schon überfällig ist.

Bei noch größeren Schwankungen käme es zur Kollision der Planeten, und sie würden in die Sonne stürzen oder davongeschleudert werden.

In 1 Kubikmeter Vakuum im Weltraum gibt es nur 1 – 2 Atome.

Wären es einige mehr, würden die Planeten in ihrer Umlaufbahn abgebremst werden und auch die Erde wäre längst schon in die Sonne gefallen.

Vor 4,5 Milliarden Jahren entstanden Erde, Mars und Venus in der Umlaufzone um die Sonne, die Leben auf Planeten erlaubt.

Die Venus ist etwa so groß und so schwer wie die Erde, hat aber unter fast gleichen Bedingungen nicht die gleiche Entwicklung durchlaufen.

Der Planet dreht sich zu langsam, sodass ihn die Sonne aufheizt.

Die Atmosphäre auf der Venus besteht zu 90 % aus Stickstoff, Methan und Ammoniak. Eine geschlossene Wolkendecke erzeugt das 400 Grad heiße lebensfeindliche Klima, und es herrscht ein Druck von 90 Atü.

Der Mars, mit 1/10 der Erdmasse, besitzt eine zu dünne Atmosphäre. Ist ein Planet wie der Mars nicht schwer genug, verliert er seine Atmosphäre durch den Sonnenwind.

Die Schwerkraft der Erde ist groß genug, um ihre Atmosphäre zu halten. Hierbei wurde die Erde offenbar bevorzugt.

Ob zufällig oder nicht, lässt sich nicht mit Sicherheit sagen.

Staunend beobachten wir die Entwicklung im Universum und fragen nach dem Sinn seiner Existenz.

Zum richtigen Zeitpunkt haben einige große Körper aus dem interstellaren Raum immense Wassermengen auf die Erde gebracht, denn in der heißen Anfangsphase der Entstehung unseres Sonnensystems wäre das Wasser verdampft.

Ohne Wasser gibt es kein Leben.

Auf der Erde stieg vor drei Milliarden Jahren Wasserdampf durch Vulkanismus nach oben, kühlte ab und es regnete drei- bis viertausend Jahre lang ununterbrochen.

Damit wurde Kohlendioxyd (CO_2) aus der Atmosphäre ausgewaschen und im Gestein gebunden. Wäre das CO_2 in der Atmosphäre verblieben, hätte dies zu einem lebensfeindlichen Treibhauseffekt geführt – wie auf der Venus.

Nur auf der Erde gibt es einen CO_2-Kreislauf, wobei im Gestein gebundenes CO_2 an die Atmosphäre abgegeben wird und mit dem Regen wieder zurückkommt.

Auf der Venus hat es nicht geregnet, das Kohlendioxyd blieb in der Atmosphäre und ist für den extremen Treibhauseffekt mit verantwortlich.

Der Mars war geologisch wenig aktiv, das CO_2 verblieb im Gestein. Ohne Treibhauseffekt ist der Mars kalt.

Die drei Planeten bewegen sich elliptisch in der »Lebenszone« um die Sonne. Die Bahn der Venus kommt der Sonne etwas näher als die der Erde, wodurch es dort heißer ist. Der Mars ist von der Sonne etwas weiter weg und damit ist es kälter als auf der Erde.

Bei einer nur um 3 % stärkeren Ellipse wäre es zu heiß oder zu kalt und alle drei Planeten befänden sich mit ihrer Umlaufbahn außerhalb der Lebenszone.

Mit lediglich einer kleinen Änderung wäre die Erde untauglich gewesen, Leben hervorzubringen.

Alle diese guten Voraussetzungen hätten uns jedoch wenig genutzt, wäre da nicht unser Mond. In seiner Masse ist er glücklicherweise proportional zur Erde größer als die Monde anderer Planeten.

Ein etwa marsgroßer Körper muss mit der Urerde kollidiert sein und hat ihr so viel Material entrissen, dass unser Trabant daraus wurde.

Dass es uns gibt, verdanken wir dem Mond, der die schnelle Drehung der Erde abgebremst hat. Sonst hätten wir andauernd Tornados mit 300 bis 500 km/h Geschwindigkeit.

Auf dem Meer entstünden laufend Wellen in Tsunamigröße.

Wäre der Mond näher an der Erde, würden Ebbe und Flut zweimal am Tag die Kontinente überfluten.

Bei einer Erdumdrehung mit wesentlich geringerer Geschwindigkeit würde nachts alles in der anhaltenden Kälte erstarren und am Tag durch die Sonne verbrennen.

Bereits eine minimal kürzere Erdrotation könnte zwanzig Mal häufigere und stärkere Erdbeben auslösen, als wir sie kennen.

Ohne den Mond wäre die Erdachse instabil und unser Planet würde durch das All taumeln.

Die Existenz des Universums und seine Entwicklung kamen bis zu dem Punkt, dass sich Leben bilden konnte. Dies wurde nur durch die unglaubliche Feinabstimmung der Kräfte, Proportionen und Anfangsbedingungen möglich.

Ein Abenteuer für sich ist die Entstehung und der Fortbestand des Lebens auf unserer Erde.

Als es noch keinen Sauerstoff in der Erdatmosphäre gab, erzeugten Ammoniak und Methan einen Treibhauseffekt mit einer schwülwarmen Durchschnittstemperatur von 32° C.

Die heute herrschenden durchschnittlichen 18° C hätten zur Entwicklung des Lebens nicht ausgereicht.

Leben entstand im Meer. Das Meerwasser hatte eine dafür spezielle, chemisch notwendige Zusammensetzung.

Polymere verbanden sich mittels Wasser u. a. zu Kohlenstoffverbindungen. Dies war nur unter den Bedingungen in einer bestimmten Meerestiefe und dem Treibhauseffekt einer Kohlendioxidatmosphäre möglich.

Bei zu geringer Wassertiefe hätte UV-Strahlung die Polymere zerstört, im tieferen Wasser wären sie zu stark verdünnt worden, sodass die »Ursuppe« nicht daraus geworden wäre.

Die Häufigkeit der Spurenelemente im Meer, in Pflanzen, Tieren und Menschen ist nahezu identisch.

Alles Leben auf der Erde stammt von der Erde ab.

Erst vor 1,8 Milliarden Jahren befand sich freier Sauerstoff in der Atmosphäre. Vor etwa 420 Millionen Jahren kam Leben aus dem Meer an Land, als durch Photosynthese genügend Sauerstoff vorhanden war. Ammoniak und Methan verschwanden und damit der Treibhauseffekt.

Der Sauerstoff bildet als Ozon den Schutzschild gegen eine tödlich starke UV-Strahlung.

Heute ist die Leuchtkraft der Sonne um etwa 10 % stärker als vor etwa 2 Milliarden Jahren. Und genau zu diesem Zeitpunkt ging der Treibhauseffekt zurück, die Leuchtkraft der Sonne stieg an und glich das Temperaturgefälle aus.

Andernfalls wäre die gesamte Erde bis zur Vergletscherung abgekühlt. Die Gletscher hätten die Sonnenwärme zusätzlich in den Weltraum abgestrahlt.

Die Entwicklung der Sonne erfolgte erstaunlicherweise weder zu schnell (heiß) noch zu langsam (kalt), sondern synchron mit der Entwicklung auf der Erde.

Sonst hätte es kein Leben auf der Erde gegeben.

Unsere Sonne scheint im sichtbaren Bereich. Andere Sterne, je nach Größe, strahlen lebensfeindlich heiß im UV-Bereich oder kalt infrarot.

Leben gibt es nur durch die Wellenlänge des Lichts.

Übrigens würde die innerhalb einer einzigen Sekunde freiwerdende Fusionsenergie in unserer Sonne die gesamte Energieproduktion, welche jemals auf der Erde stattgefunden hat, um ein Vielfaches übertreffen.

Planeten mit Leben können sich nur um Sterne entwickeln, die kleiner sind als 1,2 Sonnenmassen.

Nach neuesten Erkenntnissen »bläst« jedoch der Sonnenwind i. d. R. die Atmosphäre dieser Planeten davon.

Die Sonnenenergie besteht aus harter, tödlicher Gammastrahlung, die jedoch auf ihrem Weg zur Oberfläche der Sonne ständig abgelenkt, abgebremst und abgeschwächt wird. Somit kommt erst nach etwa 150 000 Jahren die hochenergetische Strahlung als lebensfreundliches Licht zu uns.

Sonst würde Leben vernichtet werden oder nicht entstanden sein.
Die Sonnenwärme spüren wir durch die Wellenlänge uralter Photonen, die weder zu stark noch zu schwach strahlen.

Wenn nur einer dieser beschriebenen Vorgänge sich nicht genauso ereignet hätte wäre es zu unserer Existenz nicht gekommen.
Würde man davon ausgehen, dass jedes dieser Ereignisse zufällig gewesen wäre, dann hätten vorangegangene »Zufälle« in logischer Folge aufeinander aufbauen müssen – ein unwahrscheinlicher Zufall!

Ob Zufall oder nicht, die Naturwissenschaft analysiert diese einzelnen Phänomene und versucht, sie physikalisch zu erklären.
Damit beantwortet sie nicht die Frage, aus welchem Grund es das Universum gibt und woher die Regeln kommen, nach der unsere Umwelt entstanden ist.

Dieser Ausschnitt aus der Entstehung des Universums zeigt, wie komplex alles miteinander verzahnt ist.

4 Plan oder Zufall

Lassen Sie uns davon ausgehen, dass sich das Universum nicht selbst erfunden hat oder zufällig aus dem Nichts geworden ist.

Zum einen müssten wir sonst unsere Suche nach einem tieferen Sinn bereits beenden.

Ist alles nur ein unintelligenter Zufall gewesen, sind wir eine Nebenerscheinung ohne Sinn. Wir wären lediglich eine vorübergehende Durchgangsstation ohne ein Ziel in dieser Welt, die nur zum Selbstzweck existieren würde.

Zum anderen erscheint jeder Logik zufolge eine Anhäufung und Verkettung derartiger »Zufälle« unmöglich.

Evolution, wie wir sie zur Entwicklung des Lebens kennen, ist ein Naturgesetz von Versuch und Auswahl.

In der Entstehungsphase des Universums gab es jedoch eine stetige, äußerst komplexe, intelligente Fortentwicklung.

Bedenken Sie, wenn Sie an Zufälle glauben, dass es nach dem Big Bang noch keine Evolution mit Auswahl und Mutation gegeben haben kann.

Im Urknall sind die Elementarteilchen nicht durch Selektion geworden – sie waren da.

Selektion hätte zu nichts geführt, denn beim ersten Versuch wäre wahrscheinlich alles unwiederholbar verloren gegangen. Astrophysiker finden Materie noch so vor, wie sie kurz nach dem Urknall entstanden ist.

Hätte bei der Entstehung des Universums ein vorangehendes (zufälliges?) Ereignis nicht exakt genauso stattgefunden, wäre es zum nächsten und einer weiteren Entwicklung nicht mehr gekommen.

Jede einzelne Entstehungsstufe des Universums ist von einer derartigen Komplexität und Feinjustierung, dass sie sich nicht von selbst hätte entwickeln können.

Die Möglichkeit, dass eine Kette von Zufällen voneinander abhängig, eine zwingend notwendige Reihenfolge automatisch einhält, erscheint völlig unwahrscheinlich, wäre unlogisch und mit einer planlosen Ursache unmöglich.

Alle Spuren und Indizien die wir finden, deuten unmissverständlich darauf hin, dass das Universum nicht von allein entstanden sein kann.

Damit erhebt sich die drängende Frage, wieso ein derart komplexes Gebilde wie unser Kosmos überhaupt existieren sollte, wenn damit keine Absicht verfolgt würde.

Die durch die Wissenschaft beschriebenen Fakten, Hinweise und Indizien zu der Entwicklung des Universums können logisch als Fußabdruck einer Schöpfung gesehen werden, was nach Vernunft und Verstand äußerst wahrscheinlich ist.

Daraus folgt, dass es eine höhere Macht gibt, welche die Ursache des Weltalls, des Lebens und unserer Existenz ist.

Als Ergebnis eines Zufalls wären wir nur ein Nebenprodukt ohne Sinn oder ein Ziel. In wenigen Milliarden Jahren würden wir verschwinden, wenn die Sonne die Erde verschlingt.

C. S. Lewis: *»Ein Mensch, der Atheist bleiben möchte, sollte seine Lektüre sorgfältig wählen, vor allem, wenn es um naturwissenschaftliche Werke geht.«*

Wer hat den Vorgang der Naturgesetzlichkeit von außerhalb des Universums in Gang gesetzt?

Ist die Welt jedoch aus einem bestimmten Grund geplant und geschaffen worden, muss eine unfassbare Intelligenz dahinterstehen.

Offensichtlich führt dies zu dem Schluss, dass wir über unser gesammeltes Wissen hinaus an eine höhere Macht glauben müssen, wie auch immer wir sie nennen.

Denkbar ist die Absicht des Schöpfers, dass Geist aus Leben die Materie überdauert.

Dann sind wir gewollt und jeder Mensch ist ein individueller Bestandteil der Schöpfung.

Bei der Entstehung allen Seins mit dem Anfang von winzigen 10^{-33} Materiefluktuationen müssen die Naturgesetze alle enthalten gewesen sein. Diese allein sind jedoch nicht ausreichend. Dem großen Plan folgend bleibt im Universum noch laufend Raum für chaotische Ereignisse.

Das Universum muss in allen Details »programmiert« worden sein und weiter gesteuert werden.

War schon vor dem Urknall geplant, was mit dem Universum, unserer Erde und dem Leben darauf geschieht?

Gibt es bewusstes Leben vielleicht nur auf der Erde?

Erdacht von einer geistigen Instanz mit unvorstellbarem Wissen, mit dem Potenzial und der Macht, alles zu schaffen was sie will?

Der wir den Namen »Gott« gegeben haben und u. a. als Jahwe, Christus, Allah oder den Großen Geist bezeichnen.

Wenn wir grundsätzlich die Existenz eines Schöpfers annehmen und dass damit der eigentliche Sinn unseres Lebens verbunden ist, müssen wir uns mit diesem Thema genauer befassen.

Aufgrund dessen, was wir zu wissen glauben, wollen wir versuchen darüber nachzudenken, soweit uns das möglich ist.

Bei diesem komplexen Thema können wir das Rad nicht neu erfinden und müssen darauf aufbauen, was viele Generationen vor uns schon gedacht haben.

Neu sind dazu relevante wissenschaftliche Erkenntnisse.

Bevor wir uns dem ideologisch-religiösen Bereich widmen, lassen Sie uns die etwas greifbarere Verbindung der Naturwissenschaft mit einer Schöpfung betrachten.

Es gibt Naturwissenschaftler, die nach einem Gottesbeweis suchen. Ist etwas nicht wissenschaftlich bewiesen, muss es deshalb nicht unrichtig sein.

Auch würde man sonst damit die Intelligenz und Seriosität der Menschen bezweifeln, die an Gott glauben.

Die Wissenschaft hat längst nicht alle fundamentalen Naturgesetze entdeckt. Hat Gott ein unbekanntes Gesetz angewandt, könnte dadurch ein bekanntes Gesetz unwirksam werden.

In der Religion wäre das ein »Wunder«.

Werden uns unbekannte Gesetze noch vorenthalten, da wir dafür noch nicht reif sind und damit evtl. überfordert wären?

In der Chaostheorie scheint es keine offensichtlichen Zusammenhänge zu geben und doch hängt alles nach einem Plan voneinander ab. Festgelegte Abläufe und Zufall ergänzen sich.

Dieser Gedanke verbindet zugleich Naturwissenschaft und Religion mit unserer normalen Weltanschauung.

Im Chaos könnte Gott unerkannt steuernd wirken.

Durch die »Vorsehung« wäre die Freiheit des Menschen nicht beeinträchtigt. Wenn sich Gelegenheiten eröffnen, für die sich der Mensch frei entscheiden kann.

Optionen, die sich automatisch ergeben oder gottgewollte Möglichkeiten?

Die eingangs dargestellten kosmologischen Forschungsergebnisse werden von manchen Leuten als zufällig bezeichnet, was jeder Logik und Kausalität widerspricht.

Was jedoch für uns kontingent d. h. ein Zufall ist, könnte von Gott eine geplante Kontingenz sein.

Wie sollen wir wissen, dass ein Zufall wirklich zufällig ist?

Mit den begrenzten naturwissenschaftlichen Erkenntnissen die uns zur Verfügung stehen, können wir nicht beurteilen, ob eine allwissende Macht mit Hilfe des Zufalls ein Geschehen beeinflusst. Kann im Rahmen eines vorbestimmten Plans im Chaos Raum bleiben für beliebige Zufälle?

Die komplexe Verbindung von Ordnung und Chaos ist fast schon ein Gottesbeweis.

Sollte eine geistige Macht, die alles erschaffen hat, sinnlos (aus Langeweile) nur tote Materie und primitives Leben wollen, das sich nach einer Weile in nichts auflöst?

Allein Geist, der aus Leben hervorgeht, kann Bestand haben.

Hawking: »*Das Universum, ohne einen Schöpfer, hat sich selbst erfunden.*«

Jedoch zeigte sich in der Kosmologie, dass es sich selbst produzierende Ereignisse in der Regel nicht gibt. Strukturen entstehen aus vorhandenen Strukturen und nicht aus nichts.

Ein planloser Zufall müsste zielgerichtet auf ein zukünftiges Ergebnis hin zur Weiterentwicklung Neues erfinden.

Wie sollte eine zufällige Entwicklungsstufe alle weiteren Stufen auf ein bestimmtes Ergebnis hin planlos einbeziehen?

Keine Theorie beweist die Nichtexistenz eines Schöpfers.

Seit es abstrakt denkende Menschen gibt, fragen sie nach einem höheren Wesen, und was das für sie bedeutet. In allen Kulturen mit verschiedenen Religionen, von vielen Göttern bis zu einem Gott.

Mit der Annahme, dass diese übergeordnete Macht, dass Gott existiert, beginnt die Suche nach seiner Wirklichkeit und den Folgen, die das für uns hat.

Die Suche nach dem eigentlichen, dem tieferen Sinn, ist die Suche nach der Ursache allen Seins, nach Gott.

Römer 1,18 – 22

»*Alles was glaubhaft auf Gott hinweist, impliziert die Existenz Gottes. Gott erwartet Anerkennung und Dankbarkeit von geschaffenen, denkenden Menschen.*«

»*Jeder kann sehen, was durch die Schöpfung geschehen ist.*«

2. Teil

Über eine Schöpfung und die Konsequenzen

5 Woher? Spuren der Schöpfung

Haben wir im Kapitel »Indizien« bestaunt, wie das Universum physikalisch entstand, betrachten wir die folgenden Ergebnisse der Forschung als Spuren eines Schöpfungsplans.

Die Erhabenheit der Sterne am Nachthimmel oder das großartige Panorama von einem Berggipfel aus nehmen wir direkt wahr, während da vieles ist, das wir nicht sehen können.

Technische Möglichkeiten eröffnen uns Einblicke und Erkenntnisse, die wir allein mit unseren fünf Sinnen nicht hätten gewinnen können und die uns einen göttlichen Plan erahnen lassen. Dies wirft ein neues Licht auf die Welt in der wir leben.

Vielleicht haben Sie sich mit Kosmologie noch nicht beschäftigt und einige Ausführungen werden unklar bleiben. Aber es geht vor allem um die Frage, woher wir kommen und was wir darüber wissen können.

Es genügt, wenn Sie einen allgemeinen Eindruck der Entdeckungen bekommen, welche die Menschheit über das Werden und die Entwicklung der Welt gemacht hat.

Obwohl man in der Astrophysik vermeiden möchte, die Entstehung des Universums mit dem Schöpfungsgedanken zu verbinden, kommen von da viele Hinweise auf eine letzte Instanz hinter den Dingen.

Eine weitere Auswahl erstaunlicher Entwicklungsschritte des Universums habe ich für Sie gesammelt. Zu Überlegungen, ob ein Plan hinter unserem Dasein zu finden ist, können diese kurzgefassten Ergebnisse aus der Forschung beitragen.

Mit der Theorie von vielen Paralleluniversen versucht man zu erklären, dass das All zufällig entstanden wäre.

Dazu müssten etwa 10^{59} Universen entstehen, damit es bei einem davon statistisch die gleichen Bedingungen gäbe wie bei uns.

Bis auf 60 Stellen nach dem Komma muss ein Universum exakt so sein wie unseres, damit Leben möglich ist.

Wäre nur eine der vier Grundkräfte geringfügig anders als sie sind, hätten sich keine Sterne bilden können, oder das Universum hätte so viel Materie enthalten, dass es kollabiert wäre.

Die *Starke Kernkraft* ist die stärkste Kraft, die den Atomkern zusammenhält.

Die *Elektromagnetische Kraft* ist im Verhältnis zur Starken Kernkraft exakt 100-mal schwächer.

Die *Schwache Kraft* ist eine Milliarde-mal schwächer.

Die *Gravitation,* die nochmals um 10^{40}-mal schwächer ist, spüren wir direkt im Alltag.

Sollte die Schwerkraft plötzlich abnehmen, würde uns die Erdrotation von 1 700 km/h in den Weltraum hinaus schleudern.

Eine etwas stärkere Gravitation könnte die Materie derart verdichten, dass sie die Erde auf einen Durchmesser von

10 Kilometern zusammenpressen würde.

Als Mensch wären Sie nur noch ein kleiner Fleck am Boden.

Das bedeutet auch, dass in einem anders gearteten Universum kein Leben entstehen könnte.

Wäre dort die Elektromagnetische Kraft um eine Winzigkeit stärker, könnten sich keine Moleküle bilden – als Voraussetzung für Leben.

Die Spuren der Schöpfung Gottes sind nur in Ansätzen mit dem menschlichen Verstand erfassbar.

Bestätigte Theorien wie die Quantenmechanik oder die Relativitätstheorie kann i. d. R. niemand außer den Spezialisten erklären.

Wir dagegen orientieren uns an den Forschungsergebnissen, die unseren Alltag mitbestimmen.

Es scheint, als wäre die »Hardware« d. h. Energie, aus der Materie bzw. Leben wurde, inklusive der Naturgesetze aus dem Nichts entstanden.

Welche »Mathematik«, welche geistige Kapazität ist dafür notwendig?

Aus Geist wurde Energie als »geronnener Geist«.

Aus Energie wurde Materie ($e = mc^2$) als »geronnene Energie«, ausgestattet mit Regeln und Gesetzen zur Entstehung von Leben mit höherem Bewusstsein.

Die Lichtgeschwindigkeit ist eine feste Grenze in der Relativitätstheorie. Dagegen gibt es in der Quantenmechanik Energieschwankungen, die Veränderung zulassen.

Aus diesen Energie-Fluktuationen, als Voraussetzung zur Entstehung des Universums, wurden durch eine Asymmetrie quantenmechanische materielle Teilchen

Noch keine Sekunde nach dem Urknall haben sich Quarks und Antiquarks, die Bausteine der Atome, bis auf ein winziges Ungleichgewicht gegenseitig zerstrahlt.

Bei zehn Milliarden Zerstrahlungen blieb jeweils 1 Quark übrig. Daraus bildeten sich Atome, Sterne, Galaxien, das Leben, das ganze Universum.

Der Anfangszustand des Universums war extrem heiß.

In diesem ersten Moment gab es keine Zeit.

Durch die beginnende Abkühlung und Expansion des Raumes entwickelten sich Unterschiede. Es kam zu einem Übergang mit einem Zeitablauf, eine Veränderung von Vergangenem zum Jetzt.

Anscheinend kann es im Universum Zeit ohne Raum und Materie nicht geben.

Innerhalb der ersten drei Minuten nach dem Urknall bildete sich unter extremem Druck und unvorstellbarer Hitze für eine begrenzte Zeit Helium aus Wasserstoff.

Freie Neutronen verschmolzen mit Wasserstoffatomen.

In diesen drei Minuten konnten aber offenbar keine schwereren Elemente erzeugt werden.

Als Laie könnte man denken, dass Wasserstoff und Helium zur Entwicklung des Universums schon ausgereicht hätten.

Zur Entstehung von Leben braucht es mehr als Wasserstoff und

Helium. Dafür sind die schweren Elemente unentbehrlich, aus denen wir überwiegend bestehen.

Diese werden unter enormem Druck in Sternen erzeugt, die um ein Vielfaches größer sind als unsere Sonne.

Ein Stern formt sich durch den Druck der Gravitation des interstellaren Gases. Im Stern lassen die Schwerkraft und der Gegendruck Atomkerne verschmelzen.

Durch diesen Prozess werden vier Wasserstoffprotonen durch außerordentlichem Druck und Hitze im Inneren eines Sterns so stark zusammengepresst, dass sie zu einem Heliumkern werden.

Der Stern wird immer heißer, erbrütet weitere schwerere Elemente, explodiert am Ende als Supernova und bläst seine Atome ins All.

Es bildet sich eine neue Gaswolke, die mit schweren Atomen angereichert ist und irgendwann unter ihrem eigenen Gewicht in sich zusammenfällt.

Ohne Sterne, die durch das Ungleichgewicht der Quarks im Anfang entstanden sind, gäbe es diese für das Leben später notwendigen schweren Elemente nicht.

Große Sterne erzeugen mehr Druck, wodurch Atomkerne zu schweren Elementen bis Eisen fusionieren.

Wenn der Stern nach Ablauf seines »Lebens« kollabiert und explodiert, entstehen während der Gewalt dieser Explosion noch schwerere Elemente wie Silber, Gold, Platin, Uran usw.

Bei diesem Vorgang handelt es sich womöglich um die stärkste mögliche Explosion im All, denn nirgends sonst könnten Drücke entstehen, die Gold usw. erzeugen.

Seit dem Urknall expandiert das energiereiche Vakuum und damit das Universum.

Die Geschwindigkeit der kosmischen Expansion hätte 1 Sekunde nach dem Urknall nicht um 1 Billionstel langsamer sein dürfen.

Die Temperatur wäre nicht unter 10 000° C gesunken.

Damit wäre das Universum bereits nach 50 Millionen Jahren kollabiert und aktuell nicht etwa 14 Milliarden Jahre alt.

Bei einer ebenso geringfügig schnelleren Expansion gäbe es keine Galaxien. Und wir hätten es nie erfahren.

Die unvorstellbar große Menge an Materie im gesamten Universum besteht zu 5 % aus sichtbarer und zu 95 % aus unsichtbarer »Dunkler Materie« und »Dunkler Energie«.

Daraus ergibt sich das Potenzial der gesamten möglichen Schwerkraft, die der Fliehkraft, der Expansion entgegenwirkt.

In einem Balanceakt, wie auf Messers Schneide, halten sich Schwerkraft und Fliehkraft zur exakten Expansion eines sich gleichmäßig entwickelnden riesigen Universums genau im Gleichgewicht. Keine der beiden Kräfte durfte beim Urknall auch nur um eine Winzigkeit anders sein.

Hätte die Gravitationskraft um mehr als 1 zu 10^{60} (!!) differiert, wäre das Universum in sich zusammengefallen (kollabiert) oder explodiert.

In beiden Fällen wäre niemals Leben entstanden.

Dies ist ein Ausbalancieren in gigantischen Dimensionen während der größten Explosion aller Zeiten.

In einer Feinjustierung, die alles Denkbare übertrifft.

Anschließend stelle ich Ihnen weitere Hinweise vor, die auf eine Schöpfung hindeuten könnten.

Die Dunkle Materie war die Keimzelle dafür, dass sich die sichtbare Materie zusammenballen konnte, die sonst im Anfang von aggressiven Photonen zerstreut worden wäre.

Dunkle Materie reagiert nicht mit Photonen.

Sonst gäbe es keine Sterne und kein Leben.

Da man die Dunkle Materie nicht sehen kann, wurde ihre Existenz durch indirekte Beobachtungen und Berechnungen gefunden.

Wie Sie sehen, lassen sich bereits aus wenigen Erkenntnissen konkrete Schlüsse ziehen, um einen Überblick zu bekommen.

Im Universum gibt es ca. 10 Trilliarden (10^{22}) Sterne.

Kosmologen haben errechnet, dass das Universum nur kurze Zeit existieren hätte und kollabiert wäre, wäre es kleiner, etwa so groß wie die Milchstraße.

Es gäbe uns nicht.

Am Ende wird ein großer Stern zu einem schwarzen Loch. Während sich im Universum viele schwarze Löcher befinden, existieren nur wenige in unserem Teil der Milchstraße.

Würde unser Sonnensystem auf ein schwarzes Loch treffen, wäre dies unser Ende. Seit über 4 Milliarden Jahren ist das nicht geschehen, da sich unser Sonnensystem in einer bevorzugten Region befindet.

Die Wahrscheinlichkeit, dass es ein weiteres Universum wie unseres gibt, ist äußerst gering. Naturgesetze müssten sein wie bei uns. Die Voraussetzungen für die Entstehung und den Fortbestand von Leben müssten gegeben sein.

Wie wir mittlerweile wissen, ist dazu noch ein ganzer Katalog von weiteren Voraussetzungen notwendig.

Für die Entwicklung des Universums gibt es Indizien und Theorien aufgrund wissenschaftlicher Fakten. Daraus wurde eine fassbare Realität. Wissenschaft befasst sich wertfrei mit der realen Welt. Forschung, die lediglich Materie untersucht, wäre jedoch ohne einen auf die Sache bezogenen Sinn hoffnungslos.

Bei unserer Spurensuche können Sie davon ausgehen, dass die Naturwissenschaft bei der Suche nach einem Sinn hinter der Realität sehr hilfreich ist, auch wenn sie nur auf dem Gebiet von Ursache und Wirkung forscht.

Die Kosmologie liefert Anhaltspunkte über die sich selbst stellende Frage: »Woher kommt alles?«

Physikalisch kann man die Gesamtentwicklung, den Sinn und Zweck der Wirklichkeit nicht erkennen. Dazu ist eine Ideologie philosophischer oder religiöser Art erforderlich.

Religion handelt von der Ursache, den ersten Dingen der Schöpfung, deren Ursprung und Ende, mit der Vollendung allen Seins.

Um kausal denken zu können, sucht die Wissenschaft nicht nach einem metaphysischen, nicht nach dem letzten Sinn, nicht nach einer Schöpfung.

Naturwissenschaft befasst sich mit materiellen Dingen, die man messen kann, käme jedoch ohne kreative Ideen nicht weiter. Die Bestandteile des Universums wären ohne Zusammenhang.

Von einer ursächlich »unabhängigen« nicht kausalen Realität können weder Religion noch Naturwissenschaft ausgehen.

Es gab einen Anfang vor dem Anfang mit 0 = nichts. Das kleinste Sein begann mit 10^{-33}, einem Punkt, den Sie mit dem stärksten Mikroskop nicht erkennen würden – und daraus hat sich alles entwickelt.

Naturwissenschaftlich sagt eine Theorie, dass sich das Universum bis zum Kältetod in evtl. 10^{1000} Jahren ausdehnt.

Bis dahin ist noch etwas Zeit und so interessieren Sie sich vielleicht mehr für handfeste Dinge.

Halten Sie ein Stück Eisen in der Hand, dann wissen Sie, dass es aus unserer »hauseigenen« Supernova stammt.

Aus irgendeinem Grund hat es diesen Stern, der vielleicht drei Mal so groß und so schwer war wie unsere Sonne, in die geschützte Zone verschlagen.

Als ob er sich zum Sterben einen ruhigen Platz gesucht hätte.

Mit seiner Explosion stellte er uns die Atome von Helium bis Eisen bereit, die unser Leben ermöglichten.

Auf der Erde ist genug Eisen vorhanden, sodass sich in ihrem Inneren ein massiver Eisenkern bildete, der durch die Erdrotation wie ein riesiger Dynamo wirkt.

Die damit erzeugten Magnetfelder bewahren uns vor der tödlich harten Strahlung aus dem Weltraum.

Leben ist eine Insel der Ordnung in der allgemeinen Unordnung (Entropie) um uns herum.

Das Ungleichgewicht, diese Unordnung im Universum, versorgt Leben und ermöglicht unsere Existenz.

Die Sonne ist ein Teil der Unordnung, des Ungleichgewichts, das hin zur Ordnung, zum Ausgleich strebt.

Leben, in seinem in sich geschlossenen geordneten Ablauf ist von seiner Umgebung der Entropie abhängig, um die eigene Ordnung aufrecht zu erhalten.

Obwohl das menschliche Gehirn ein Teil des Kosmos ist, besitzt es mehr Schaltmöglichkeiten als die Anzahl der gesamten Elementarteilchen im Universum.

Aus vorhandenen Strukturen kann etwas entstehen, das bisher im Universum noch nicht vorhanden war.

Anmerkung: Mit den Elementarteilchen sind wohl nicht die »großen« Atome gemeint, sondern die Teilchen, aus denen sie sich zusammensetzen.

Viele Naturwissenschaftler sind der Meinung, die Wahrscheinlichkeit einer »natürlichen« Entstehung der Menschheit sei so gering, dass sie von der Einzigartigkeit des geistesbegabten Menschen im Weltall überzeugt sind.

Wissenschaftler haben ein Gen gefunden, das »Gottesgen« genannt wurde.

Demnach hat uns die Evolution so konditioniert, dass wir an einen allmächtigen Designer und Lenker des Universums glauben wollen.

Welcher geniale »Programmierer« hat die Evolution mit einer selbst lernenden »Software« ausgestattet, dass sie das Leben derart flexibel voranbringt?

Eine Macht, die alles erschaffen hat, muss ein Ziel verfolgen und Interesse am Fortbestand ihres »Projekts« dieser Größenordnung haben.

Menschen haben offensichtlich einen von Gott gewollten freien Willen. Nur so kann sich die Menschheit eigenständig weiterentwickeln.

Mit allem damit verbundenen Leid.

Die Konsequenz daraus ist, dass Gott im Verborgenen bleiben muss, um der Menschheit ihre Handlungsfreiheit nicht zu nehmen.

Spuren im Universum können uns als Fußabdruck der Schöpfung erscheinen, ohne als ein Gottesbeweis den Menschen ihre Freiheit und Eigenverantwortung zu beschneiden.

Gehören zur Freiheit des Denkens Zweifel?

Zweifeln Sie an der Existenz Gottes, sollten Sie die Fakten, Indizien und Hinweise für eine Schöpfung auf ihre Glaubwürdigkeit überprüfen.

Wir brauchen belastbare Indizien, damit wir intuitiv glauben können. Nicht nur, um aus Angst vor Sinnlosigkeit etwas glauben zu wollen oder zur Verdrängung die Flucht in fantastische Glaubenskonstrukte zu suchen.

Wirklicher Glaube, woran auch immer, kommt aus der Intuition.

Ein gläubiger Mensch hat eine Perspektive, ist psychisch stabiler, erträgt Leid besser und ist somit lebenstüchtiger.

Ein schwacher Glaube wird im Leid ausgelöscht, ein starker Glaube kann dadurch noch stärker werden.

Aus tiefstem Leid besteht der Ausweg nur noch darin, die Initiative zu ergreifen – mit einer optimistischen Haltung und Hoffnung auf einen Sinn.

Aus dem Leiden Christi wurde das Christentum.

Waren Jesu letzte Worte am Kreuz:

»Mein Gott, *wozu* hast du mich verlassen und nicht *warum* hast du mich verlassen?« (hebräisch). Dann ist dieses »wozu« keine verzweifelte Frage. Vielmehr die Frage Jesu nach dem Sinn seines Leidens und dessen Bedeutung für die Zukunft der Menschheit.

Der Mensch stellt wie Jesus dieselbe Frage nach dem Grund seines Leidens. Und er ist sich bewusst, dass es ihm nicht möglich ist, den Sinn des Leidens und Sterbens zu wissen.

Dass er jedoch aus guten Gründen an einen letzten Sinn glauben kann.

Extreme Gegenpole einer in Jahrhunderten gewachsenen Kultur

des Glaubens sind die fanatisch gläubigen Fundamentalisten und diejenigen, die nur glauben, was sie sich selbst ausgedacht haben.

Wer hat nicht schon einmal daran gezweifelt, dass es einen Schöpfer gibt. Manche glauben intuitiv an eine Schöpfung. Andere glauben, da es keinen Gottesbeweis gibt, gibt es auch keinen Gott. Dennoch suchen sie nach einem »Gottesersatz«, vorgefertigt in Sekten, Verschwörungstheorien und eigenen mythischen Glaubensfantasien.

Eine drängende Frage könnte sein, ob Gott womöglich ein abstraktes Gedankenkonstrukt ist, um dem Sterben, von dem der Mensch weiß, etwas entgegenzusetzen.

Im Zweifel helfen die Kapitel »Indizien« und »Plan« weiter.

Gott ist unfassbar und für den Menschen nicht denkbar.

Der Menschenverstand, der bereits mit der Quantenphysik an seine Grenzen stößt, findet lediglich Spuren Gottes zum »Glauben-Können«.

Um an einen Schöpfer-Gott zu glauben, muss der intuitive Glaube zumindest in wesentlichen Teilen vor der Vernunft bestehen. Dafür sprechen wissenschaftliche Forschung, Indizien aus der Weite des Universums und aus der näheren Umwelt die sich interpretieren lassen. Ebenso historische Überlieferungen, Impulse von anderen Menschen sowie eigene unbewusste oder bewusste Gründe zum »Glauben-Wollen«.

Es gibt den Wunsch, den Glauben zu unterfüttern, nachzudenken über den Tod, von dem wir nicht wissen, ob das unser Ende ist.

Die Entscheidung, entweder für das Weltbild einer Schöpfung oder für unsere zufällige Existenz ohne Plan und Ziel, ist von großer Tragweite.

An einer Theorie oder am religiösen Glauben zu zweifeln ist legitim. Zweifel, der nicht hinterfragt wird, entspricht einer gefühlsmäßigen negativen Einstellung und meistens endgültiger Ablehnung.

Positiver Zweifel überprüft mit Vernunft und Verstand, ob die Fakten, Indizien und Hinweise schlüssig und glaubwürdig sind, auf denen eine Geschichte gründet.

Schließlich muss jedoch auch die Geschichte, der Glaube selbst als Gedankenkonstrukt, in sich schlüssig sein.

Wenn die Randbedingungen, auf denen eine Theorie, ein Glaube basiert, dürftig sind, entsteht daraus schnell ein Phantasiegebilde, ein unrealistisches Hirngespinst.

Die Basis des Glaubens an die Gottesfrage wird durch belastbare wissenschaftliche Forschungsergebnisse aus einer völlig anderen Denkrichtung unterstützt.

Ist sich ein Mensch des »Fußabdrucks der Schöpfung« im Universum weitgehend sicher, kann damit sein Gottesglaube fest verankert sein.

Die Logik der Argumente aus der Kosmologie hält auch manchen Zweifeln stand und kann einen religiösen Glauben untermauern.

6 Menschenspuren, vom Tier zum Menschen

Der Urknall, die unglaublich subtil aufeinander abgestimmte komplexe Entwicklung des Universums und die Entstehung der Sterne, waren der erste Schritt hin zu unserer Existenz.

Die Spuren eines Schöpfers allen Seins zu rekonstruieren, ist für Menschen ein fast unlösbares Vorhaben. Dies liegt schon in der komplexen Natur des Universums, erschaffen von einem Geist, dessen Denken für uns nicht wirklich nachvollziehbar ist.

Etwas konkreter lässt sich erklären, wie der Mensch auf die Erde kam. Aber auch hier müssen die archäologischen Fakten zusammen mit dem ideologischen Schöpfungsgeschehen gedacht werden.

Zunächst haben wir uns überlegt, woher im ersten Schritt die geniale Software kam, damit u. a. exakt solche Atome in den Sternen erbrütet werden, die sich untereinander zu Molekülen verbinden können.

Ein zweiter Schritt hat die Entstehung von Leben aus toter Materie ermöglicht.

Schließlich kam es im dritten Schritt zu einem höheren Bewusstsein – der Mensch entwickelte sich auf der Erde.

Würden Sie diese extrem komplizierten Vorgänge für Zufall halten, dann müssten die Naturgesetze in all ihrer Komplexität von selbst entstanden sein.

Anschließend finden Sie den Werdegang der Menschheit auf der Erde im Zeitraffer.

Der zweite Schritt:

Vor 4,5 Milliarden Jahren entstand die Erde.

Vor 3,9 Milliarden Jahren gab es auf der Urkruste Wasser, Ozeane mit Einzellern und Bakterien,

vor 2 Milliarden Jahren festes Land.
Vor 800 Millionen Jahren wuchsen erste Pflanzen,
vor 500 Millionen Jahren gab es im Kambrium komplexere Tiere,
vor 370 Millionen Jahren Amphibien
und vor 250 Millionen Jahren eidechsenartige Tiere.

Doch plötzlich wäre unsere Entwicklungslinie fast abrupt unterbrochen worden.

Vor 65 Millionen Jahren ereignete sich ein Asteroideneinschlag, der gewaltige Vulkanausbrüche auslöste.

Einem Massensterben fielen die Saurier zum Opfer.

Es überlebten nur rattenähnliche Säugetiere, die in ihren unterirdischen Gängen geschützt waren. Ohne diese Ratten würden wir nicht existieren, oder wir wären Reptilien.

Vor 3,5 Millionen Jahren erschienen Affen und Primaten mit gekrümmten Fingern zum Klettern, einem Gehirn von der Größe einer Orange, mit kleinen Zähnen und mit Füßen zum aufrechten Laufen.

Der gemeinsame Stammbaum unterteilte sich in mehrere Äste.

Auf einem davon saßen wir und daraus folgte der dritte Schritt:

Vor etwa 3 Millionen Jahren wurde der Affe immer weniger Affe und immer mehr Mensch und erlangte in der Fortentwicklung die Fähigkeit zum logischen Denken.

Das Gehirn hat sich bis zum heutigen Menschen um das Dreifache und der Intellekt um ein Mehrfaches vergrößert.

Zuvor half der Instinkt zum Überleben. Unser Ekel vor manchen Dingen ist seitdem immer noch vorhanden.

Ein Knochenfund lässt auf die Gattung Homo schließen, mit unterschiedlichen Urmenschentypen bereits vor 2,8 Millionen Jahren, mit verschieden geformten Becken und Händen.

Dabei waren auch Klimafaktoren mitprägend.

Hinter dieser lapidaren Feststellung verbirgt sich die Tatsache, dass diese Lebewesen von klimatische Verwerfungen auf das Äußerste gefordert waren, wodurch sich ihr Körperbau, einschließlich des Gehirns veränderte und von ständig wechselnden Bedingungen ihrer Umwelt geformt wurde.

Die damit ausgelösten Evolutionsschübe machten den Homo erectus zum Läufer in der trockenen Savanne.

Aus der Experimentierphase der Evolution mit mehreren Arten vor 3 bis 2 Millionen Jahren gingen vor 1,5 Millionen Jahren Jäger und Sammler hervor und schließlich vor 1 Million bis vor 500 000 Jahren der Homo sapiens.

Relativ kurzfristige Klimaschwankungen waren vor 2 Millionen Jahren auf eine Taumelbewegung der Erdachse zurückzuführen, die etwa alle 23 000 Jahre erfolgt.

Der Urmensch musste sich zum Überleben flexibel an Dürre- und Regenzeiten anpassen, was ein trainiertes Gehirn und mehr Intelligenz zur Folge hatte.

In diese Zeit fiel auch eine erhöhte Sonnenaktivität, sodass es möglicherweise eine höhere Mutationsrate der Lebewesen gab. Nur die Schlaueren, Kräftigeren und besser angepassten überlebten diese harte Zeit des Umbruchs und der Auslese.

Archäologen fanden ein ca. 2 Millionen Jahre altes Skelett. Dabei handelte es sich um einen achtjährigen Menschen mit dem Körper eines ausgewachsenen Affen.

Die Zahnanalyse zeigte, dass dieser Affe mehr Mensch als Affe war.

Im Kindheitsstadium des Menschen bilden die Zähne regelmäßig eine 5 Mikrometer dünne Schicht Zahnschmelz. Die Anzahl der Zahnschmelzschichten weisen auf das Alter hin.

An diesem Fund zeigte sich bereits, dass die Kindheit des Menschen länger dauerte als die eines Affen.

Ebenfalls konnten die Ernährungsgewohnheiten vor ca. 2 Millionen Jahren durch die Zahnanalyse gefunden werden.

Der Homo habilis begann Fleisch zu essen, während die bisherige Nahrung aus Gräsern und Wurzeln bestand.

Dadurch wurde das weitere Schicksal der Menschwerdung entscheidend mitbestimmt.

Eiszeiten an den Polen wirkten sich bis in die Tropen aus. Mehrfache radikale Klimawechsel forderten die Menschen, wobei das Gehirn noch größer wurde und die Intelligenz weiter zunahm.

Dagegen waren die Tiere in ihrer ökologischen Nische gefangen.

Primitive Werkzeuge, um ein Beutetier zu zerkleinern, gab es schon vor 3,4 Millionen Jahren.

Bis zum ersten Faustkeil dauerte es jedoch noch 1,5 Millionen Jahre, damit der Mensch an hochwertige Nahrung herankam, um ein größeres Gehirn ernähren zu können.

Der Homo erectus, vor 1,5 Millionen Jahren, erlegte seine Beute als Langstreckenläufer durch die Hetzjagd, wozu ihn ein relativ kräftiger Hintern befähigte.

Der menschliche Körper konnte nun Fett speichern, wodurch die Versorgung und die Weiterentwicklung des Gehirns gesichert waren. Ein Menschenbaby hat bei der Geburt einen Fettanteil von 15 %, ein Affenbaby nur 3 %.

Ein weiterer Schritt des Homo erectus war vermutlich die Nutzung des Feuers, denn gekochtes Essen ist wesentlich nahrhafter als Rohkost.

Bakterien im Dünndarm können nur gekochte Nahrung verwerten.

Schließlich wuchs das Gehirn allmählich auf die dreifache Größe eines Affengehirns an. Während dieser Entwicklung hat der Schritt vom Tier zum Menschen stattgefunden.

In der Folge dieses Wandels kam es zu genetischen Veränderungen.

Mensch und Affe unterscheiden sich lediglich durch 1,4 % ihrer Gene voneinander.

Jedoch sind darin gravierende Unterschiede enthalten, die den

Menschen befähigen abstrakt zu denken, kreativ zu werden, zu sprechen und fruchtbar zu sein.

Die Leidenszeit durch extreme Klimabedingungen war damit noch nicht beendet.

In der Anthropologie gibt es eine Theorie, nach der es in weiteren mehreren hunderttausend Jahren zu chaotischen Umweltbedingungen kam, wofür die sich erweiternde elliptische Erdumlaufbahn ein Auslöser gewesen sein dürfte.

Um zu überleben wurde der Affenmensch immer schlauer, das Gehirn noch leistungsfähiger und größer.

Ein größeres Gehirn braucht mehr Nahrung, mehr Energie zu Überlegungen für die Strategie einer gemeinsamen Jagd und die Erfindung von Waffen.

Irgendwann in diesem Zeitraum war das Gehirn soweit entwickelt, dass dieses Wesen nicht nur denken, sondern auch abstrakt über etwas nachdenken konnte.

Die Lebensbedingungen verbesserten sich allmählich.

Vor 250 000 Jahren entwickelte sich der menschliche Körper.

Vor 150 000 Jahren verließ der Mensch das heiße Afrika.

Womöglich aufgrund einer sich verengenden elliptischen Umlaufbahn der Erde, mit einem geringeren Abstand zur Sonne.

Neben einigen anderen Menschenarten traten in Europa die Neandertaler vor 220 000 Jahren auf. Sie waren geschickte Jäger, kannten das Feuer, fertigten Kunstgegenstände und bestatteten als erste ihre Toten.

Damit erhob sich die Frage, ob es nach dem Tod noch etwas gibt oder nicht. Grabbeigaben deuten darauf hin, dass unsere Vorfahren an ein Leben nach dem Tod glaubten.

Einen tieferen Sinn und eine andere Dimension bekam das Leben mit der Annahme, es sei nur eine »Zwischenstation« und würde, vom materiellen Tod unterbrochen, sich weiter fortsetzen und vollenden.

Mit dieser Erkenntnis endete das relativ unbeschwerte Leben im

Jetzt und mit der Last des Wissens über den eigenen Tod verlor der Mensch »seine Unschuld«.

War der Neandertaler durch einen Evolutionssprung der erste »beseelte« Mensch?

Er lebte vorwiegend während der Eiszeit, konnte sich jedoch der Kälte gut anpassen. Dabei bildete sich das grob erscheinende Gesicht aus – die breite Nase wärmte die kalte Luft und die dicken Augenwülste schützten vor dem eisigen Wind. Die Neandertaler fertigten messerscharfe Steinwerkzeuge, wodurch es ihnen gelang, mehr Wild zu jagen.

Sie wurden vom eingewanderten Homo Sapiens verdrängt und starben vor etwa 40 000 Jahren aus. Der Neandertaler war intelligenter als der Homo Sapiens, wie die Funde von Höhlenmalereien, Schmuckgegenständen usw. belegen.

Zudem besaß der Neandertaler mit 1,5 Litern Volumen das größte bekannte Gehirn. Aufgrund der Größe des Schädels des Homo Sapiens ergaben sich lediglich 1,3 Liter Gehirnvolumen.

Das Volumen unseres Gehirns liegt bei einem Mann bei etwa 1,27 Litern, bei einer Frau bei etwa 1,13 Litern.

Jedoch hatten unsere direkten Vorfahren andere Qualitäten.

Der IQ des Homo Sapiens war zwar etwas niedriger, dafür hatte er einen stärker ausgeprägten EQ. Somit waren diese Menschen sozialer, verträglicher und lebten in Gruppen zusammen, während sich der aggressive »geniale« Neandertaler als Einzelgänger in diesen Gruppen als eigene Rasse auflöste und verschwand.

Schließlich profitierte der Homo Sapiens von den Erfindungen des Neandertalers und überlebte dank seines Gruppenverhaltens.

Die Entwicklungsgeschichte der Menschheit wäre fast zu Ende gewesen und alle mühselig erworbenen Eigenschaften verloren gegangen. Vor 74 000 Jahren brach der Supervulkan Toba auf Sumatra aus, wonach die Menschheit weltweit bis auf die geringe Zahl von etwa 2 000 Personen beinahe ausgestorben war.

War dies in der Überlieferung die »Sintflut«?

Nach dieser Katastrophe kam es zu einer Geburtenexplosion.

Gab es zuvor genetisch viele unterschiedliche Volksgruppen, so vererbte uns diese eine Gruppe ihre DNA, sodass heute alle Menschen nahezu genetisch identisch sind.

Während der folgenden sechsjährigen Eiszeit entwickelte sich die Menschheit weiter.

Erst vor 10 000 Jahren entstand unsere Kultur aus der Zivilisation von Babyloniern, Sumerern und später den Ägyptern.

Wir sind die Überlebenden von nahezu 4 Millionen Jahren an Katastrophen. 30 Milliarden Arten, die es seit den ersten Einzellern gab, sind zu 99,9 % ausgestorben.

Wie Sie sehen, sind wir eine zähe Rasse, die als einzige bis jetzt überlebt und ein höheres Bewusstsein entwickelt hat.

Festzuhalten bleibt, dass die Logistik der Evolution unter extremen Bedingungen für die Entstehung des menschlichen Körpers mit einem immer leistungsfähigeren Gehirn verantwortlich zeichnet.

Das Gehirn des Urmenschen reifte vor ca. 200 000 Jahren bis zu einem Zustand der Bewusstseinserweiterung.

Nach neueren Forschungen sind 30 000 Jahre alte Genfragmente der seit 2 Millionen Jahren existierenden menschlichen Spezies nachweisbar. Die Menschwerdung folgte einer Hauptlinie mit mehreren Seitenlinien, die zwar wieder ausgestorben sind, aber genetisch an der Hauptlinie beteiligt waren.

Geist und Intelligenz wohnen dem Universum inne. In einfacher Form, wie z. B. eine Raupe sich tarnt und zum Schmetterling wird, und bei höheren Tieren als Instinkt und Gefühl mit minimal eigener Intelligenz.

Der Mensch verfügt über ein höheres Bewusstsein, aber auch über animalische Triebe. Anreize durch Anforderungen haben das menschliche Gehirn entsprechend leistungsfähig gemacht.

Der menschliche Geist konnte sich nur entwickeln, weil unsere Vorfahren gezwungen waren, unter extremen Bedingungen zu überleben.

Ohne den Überlebenskampf in dieser Hölle, durch die sie gehen mussten, wäre keine Gehirnleistung provoziert worden, wodurch sich unsere Gehirne geformt haben. Das »Malum Naturale«, Leiden durch Naturereignisse, war der Beginn einer anhaltenden Entwicklung vom Tier bis zum (idealen?) Menschen. In einer heilen Welt ohne Probleme gäbe es uns nicht. Offenbar ist die menschliche Entwicklung nicht abgeschlossen und der Mensch herausgefordert, sonst gäbe es nicht immer noch so viele Probleme und Leid in der Welt.

Bei der Weiterentwicklung der Menschheit gibt es Bestrebungen, dass Menschen einander weniger Leid zufügen und Katastrophen verhindert werden können. Dass Krankheiten besiegt werden und ethische Werte mehr Gewicht bekommen.

Die Machtgier Einzelner und ein primitiver Egoismus zählen zu einer ganzen Reihe negativer menschlicher Verhaltensweisen. Davon werden wir immer wieder um einige Schritte zurückgeworfen.

Im Vergleich zu früheren Jahrhunderten hat die Menschheit aber in humanitärer Weise doch Fortschritte gemacht.

Die negative Berichterstattung der Medien lässt uns glauben, dass z. B. Kriege, Hunger und Kindersterblichkeit in der Welt zugenommen haben. Das Gegenteil ist der Fall. Die Rechte Homosexueller werden in über 100 Staaten anerkannt. Die Kindersterblichkeit lag 1990 bei einem Drittel der Weltbevölkerung – jetzt nur noch bei einem Zehntel. 90% aller Kinder weltweit können heute eine Schule besuchen.

Angesichts des weiterhin großen Elends in der Welt eine verblüffende Tatsache, die Mut machen sollte.

7 Anthropisches Prinzip, Zentrum Mensch

Eine drängende Frage ist, welche Rolle der Mensch in der Schöpfung spielt.

Das Anthropische Prinzip versucht darauf eine Antwort zu geben.

Sinngemäße Interpretation:

Steht hinter dem Universum ein Plan, ein Schöpfer, dann ist der materielle Kosmos offenbar auf eine Vergeistigung hin angelegt.

Das Universum muss (geplant) so beschaffen sein, dass es irgendwann Beobachter hervorbringt.

Der Mensch wäre damit die Frucht der Evolution und nicht nur ein vorübergehender Bestandteil der Weiterentwicklung.

Das Individuum wird in das große geistige Feld integriert und erhält dadurch Beständigkeit.

Stellt der materielle Körper seine Funktion ein, wäre es unlogisch, wenn das alles gewesen sein sollte.

Welchen Sinn hätte es, sollte das geistige Leben einfach »verenden«?

Ist der Kosmos auf den Menschen hin angelegt, kann der Zerfall nur die Materie betreffen, nicht aber das individuelle Bewusstsein.

Das Wachstum beginnt im sichtbaren Universum und setzt sich in der unsichtbaren geistigen Welt fort.

Die Erde hat ihren Dienst beendet.

Im Tod löst sich die »Frucht« vom sichtbaren Kosmos.

Im unsichtbaren Kosmos geht das Leben weiter und beginnt sich zu entfalten.

Es wäre Ihr gutes Recht, anderer Meinung zu sein.

Bezeichnen Sie sich als Atheist, sollten Sie sich über die Thematik von Sinnsuche, Gott und Religion objektiv informieren.

Sonst lehnen Sie etwas ab, das Sie gar nicht kennen.

Bei einem Experiment kamen allerdings sogar überzeugte Atheisten ins Schwitzen, als sie Gott lästern sollten, an den sie nicht glaubten. Obwohl sie behaupteten, über die Furcht vor dem Jenseitigen erhaben zu sein.

Atheisten und manche Philosophen sprechen von der Sinnlosigkeit des menschlichen Lebens an sich und dass man sein Leben erst mit Sinn erfüllen müsse. Dieser Sinn geht jedoch als menschliches Konstrukt mit dem Tod des Menschen unter.

Das Potenzial für ein »höheres Bewusstsein« zu abstrakten Erkenntnissen impliziert die Gegenwart einer Seele, sobald eine neue DNA, ein neues »Ich« entstanden ist.

Unabhängig vom IQ.

Speichert die Seele, von Beginn des menschlichen Lebens an, als »geistiger Körper« die individuellen Eigenschaften eines Menschen? Die Seele ist Geist, nicht Psyche.

Kann der Mensch mit seiner körperlichen Matrix und seinem geistigen Potenzial mit einem »Geistkörper« in der geistigen Welt weiter existieren?

Nach dem Anthropischen Prinzip beginnt das eigentliche, das geistige Leben nach dem Tod.

8 Religion, Kultur und Spiritualität

Die Fragen »Woher? Wohin? Wozu?« verlangen nach einem Sinn und Antworten.

Diese sich selbst stellenden Fragen denken wir uns nicht aus. Wie etwa die im Raum stehenden Fragen, was nach dem Tod kommt, warum Leid in der Welt ist, nach unserer Herkunft und nach unserer Zukunft.

Weitere drängende Fragen:

Gibt es deshalb Religionen, um dem Problem dieser »Selbstläufer-Fragen« gerecht zu werden?

Sorgt das »Gottesgen« dafür, dass den Menschen die Gottesfrage ein Bedürfnis ist?

Sind wir genetisch durch die Evolution darauf programmiert, uns auf die Suche nach Gott zu machen?

Kommt uns Gott entgegen und nimmt über die Religion Kontakt zu den Menschen auf?

Ist Religion die Beziehung zwischen Mensch und Gott?

Dann ist Kirche, in einer religionsübergreifenden Bedeutung, eine Institution, die den Kontakt zwischen Mensch und Gott vermitteln soll.

Teil der Kirche sind die Menschen einer Glaubensgemeinschaft. Kultur, Tradition, Religion und Kirche beeinflussen einander.

Und damit den intuitiven Glauben eines Menschen.

Gott wird aus menschlicher Sicht mit menschlichen Eigenschaften unzulänglich beschrieben.

Durch die Ideologie von Religionen symbolisch.

Eine Aufgabe der Religion ist es, die Menschen dabei zu unterstützen, spirituell drängende Fragen zu verstehen.

Religion versucht für diese Fragen, auf die wir selbst keine Antwort wissen, einen Sinn zu finden, woran man über das Wissen hinaus glauben kann.

Einem Menschen ist seine Kirche so viel wert, wie sie sich dieser Fragen annimmt oder nicht.

Die Problematik ist dabei, dass man dafür nach menschlichem Wissensstand keine gesicherten Lösungen findet.

Es gibt das Bedürfnis nach Idolen und der Anbetung eines personalen Gottes. Dies führt über Religion und Kirche zum Glauben an einen Schöpfer als den tieferen Sinn.

Von Religion erhofft man sich für das Dasein einen Sinn, Trost im Leid, Spiritualität und Zugehörigkeit zu Gleichgesinnten.

Religion und Kirche sind eng verknüpft. Ist die Kirche als Interessengemeinschaft für jemand unglaubwürdig oder unwichtig, wirkt sich das entsprechend auf die Haltung des Menschen zur Religion aus.

Behindert die Kirche mitunter die Gott-Mensch-Beziehung anstatt sie zu fördern, sollte das im Grunde die eigene religiöse Einstellung nicht verändern.

Gehen wir davon aus, dass Sie die Existenz Gottes akzeptieren, wäre es normal, sich einer der großen Weltreligionen anzuschließen, um dort einen Sinn für das Leben und darüber hinaus zu finden.

In einer Religionsgemeinschaft der eigenen Glaubensrichtung erwartet man Antworten vor allem auf die Frage nach Gott und was das für uns bedeutet.

Hegel: »*Es gibt eine unendliche Menge von Ausgangspunkten, um zu Gott zu gelangen. Die Frage nach Gott fordert alle geistigen Kräfte des Menschen.*«

Grundsätzlich geht es in den großen Religionen um das Göttliche, das Numinose, das Jenseitige, um dessen Essenz und um moralische Werte wie das Gute und Böse, Unschuld und Schuld. Unterschiedliche Interpretationen darüber haben zur Entstehung verschiedener Religionen geführt, die jedoch im Wesentlichen auf derselben Grundlage basieren.

Religionen sind Ideologien, denen es darum geht, einen Schöpfer zu denken.

Erhebt eine Religion Anspruch auf die absolute Wahrheit, dass alle anderen Menschen gottlos wären, steckt in solch strikter Haltung ein Potenzial zur Zwietracht.

Obwohl Frieden, Barmherzigkeit, Verzeihen und Toleranz Grundlagen der großen Religionen sind.

Ihre Religion sollte Ihnen die Freiheit zugestehen, Ihren Glauben daran nach eigenen Ansichten zu interpretieren.

Zwar ist die soziale Gemeinschaft einer Gruppe, eines Rudels, einer Herde, beim Menschen eines Dorfes, einer Stadt, einer Nation mitunter überlebenswichtig. Jedoch erzeugt die Abgrenzung einer Gruppe anderen Gruppen gegenüber Konkurrenz, Radikalismus und führt im Extremfall zu Kriegen.

Hier eine kurze Zusammenfassung der wesentlichen Inhalte der großen Weltreligionen.

Christentum:

Das Christentum ist die größte der Weltreligionen mit 2 Milliarden Gläubigen.

Alle Menschen sind gleich vor Gott.

Man soll seinen Nächsten lieben wie sich selbst.

Jeder Mensch ist frei und kann selbstverantwortlich sein Leben bestimmen, auch ob er Gott lieben will oder ihn ablehnt.

In der christlichen Religion kann jedem, der gesündigt hat, vergeben werden.

Als Kinder Gottes sind die Menschen Gott ähnlich.

Christen, die sich zum Glauben bekennen, sind durch den Kreuzestod Jesu von Schuld erlöst.

Historisch überliefert ist, dass Jesus im Alter von dreißig Jahren das Kommen vom Reich Gottes verkündete, Wasser in Wein verwandelte und für mehrere tausend Menschen Brot und Fische vermehrte.

Er heilte Lahme, Taube und Blinde.

Mit 33 Jahren starb Jesus Christus den Tod am Kreuz.

Nach drei Tagen stand er wieder von den Toten auf.

Die Auferstehung und Himmelfahrt Jesu gelten als die zentralen Punkte des Christentums.

Durch die befreiende christliche Botschaft kann ein Mensch ewiges Leben erwarten und sich bei allem Leid unsterblich fühlen.

Die Basis des monotheistischen Christentums sind das Alte und das Neue Testament mit Christus als Teil des Dreieinigen Gottes.

Judentum:

Juden erwarten immer noch die Ankunft des Messias.

Vor 3 500 Jahren schloss Gott mit Abraham einen Pakt.

Damit entstand die älteste monotheistische Religion, das Judentum.

Gott hat den Menschen Verbote, Gebote und Pflichten auferlegt, welche in der Thora als Grundlage des jüdischen Glaubens mit 613 Regeln festgehalten sind.

Als Jude wird man geboren.

Etwa 13,3 Millionen Juden leben vor allem in den USA und in Israel.

Islam:

Allah ist der alleinige Gott, unter dessen Gesetz die Gläubigen sich vollkommen unterwerfen.

Die religiösen Regeln des Islam gelten bis zur Scharia, dem islamischen Recht. Vom Propheten Mohammed aufgeschrieben, ist der Koran in 111 Suren und 6 000 Verse eingeteilt.

Mit 40 Jahren wurde Mohammed ein Prophet, wie Noah, Abraham, Moses, David, Johannes der Täufer und Jesus, der Gesandte Gottes.

Abraham gilt als Stammvater sowohl im Juden- und Christentum wie auch im Islam.

Mit 1,8 Milliarden Anhängern ist der Islam die zweitgrößte Religion.

In allen drei monotheistischen Religionen geht es um Glaube, Hoffnung und Liebe sowie den Grundsatz der Nächstenliebe und der Menschenrechte.

Als Ursprung von Religion gilt die Vergänglichkeit aller Kreatur.

Rilke: »*Es ist die Furcht vor dem Tod, den jeder in sich hat, worum sich alles dreht.*«

Die überwiegende Mehrheit der Deutschen glaubt, dass (ein) Gott existiert, die meisten glauben jedoch nicht an ein ewiges Leben.

Es gibt in Deutschland ca. 23 Millionen Katholiken und 22 Millionen Protestanten. Dazu kommen etwa 2 Millionen Orthodoxe Christen und mehrere unterschiedliche christliche Glaubensvarianten. 3,6 Millionen Muslime, 330 000 Neuapostolische Gläubige und 96 000 Juden. 170 000 Buddhisten, 160 000 Zeugen Jehovas,

100 000 Hindus, 3 500 Scientologen und zehntausende Esoteriker. Und doch gibt es Millionen Sinnsucher.

Viele Menschen bestimmen selbst, was ihr Gott ist, abhängig von den Fortschritten der Naturwissenschaft, der Medizin und der technischen Entwicklung. Esoterik, Buddhismus und Sekten haben immer mehr Zulauf bei der Suche nach Spiritualität und zu Antworten auf drängende Fragen.

Auf das gemeinsame Anliegen der großen Religionen, ein guter Mensch zu sein, wollen die Menschen nicht verzichten. Dazu gehören auch manche derjenigen, die eine Schöpfungsmacht verneinen. Etwa in einem Ehrenamt möchten sie ihr Leben mit Sinn erfüllen. Dies allein ist jedoch noch keine Religion.

Kant: »*Mit Bewunderung und Ehrfurcht erfüllt mich der bestirnte Himmel über mir und das moralische Gesetz in mir. Die Grenzenlosigkeit des Kosmos und die Unbedingtheit des Guten sind dazu angetan, dem Menschen ein Bewusstsein von Unsterblichkeit zu vermitteln. Über ein Leben nach dem Tod kann man spekulieren, aber es nicht ernsthaft denken.*«

Einstein empfindet in der geheimnisvollen Schönheit des Kosmos einen religiösen Aspekt. Dieses Gefühl des »Numinosen«, von etwas »Heiligem«, lässt sich nicht rational beschreiben.

Dworkin: *»Der Sinn des Lebens und die Schönheit der Natur sind Werte einer religiösen Einstellung ohne Gott, die Theisten und Atheisten teilen können.«*

Anmerkung: Dem steht entgegen, dass ein erfülltes Leben und Naturverbundenheit mit Religion wenig zu tun haben.

Und Werte können unabhängig von Personen nicht gedacht werden.

Allgemein verbindliche Werte können durch besondere Ereignisse moralisch außer Kraft gesetzt werden. Etwa kann eine Notlüge manchmal sinnvoller sein als die Wahrheit.

Für Schleiermacher gibt es viele Möglichkeiten, wie er die Anschauung des Unendlichen sieht. Religion ist für ihn »die Betrachtung, Beurteilung und die Ehrfurcht vor der Vielseitigkeit des Unendlichen.« Für das »Unendliche als Religionsverständnis« stünden Sinn und Gefühl.

Philosophen erzählen literarisch abstrakt über einen nicht personalen Gott und sprechen damit sowohl den Verstand als auch das Gefühl an.

Der Glaube braucht jedoch Inhalte, damit Religiosität nicht spirituelle Selbsttäuschung wird.

Zum Gott der Philosophen kann der Mensch weder beten noch betend mit ihm in Beziehung treten.

Wird Gott nur mit Vernunft und nicht als Person gedacht, ist ein absolutes Vertrauen nicht möglich.

Ist das Wissen am Ende, braucht die Ungewissheit den Glauben. Den Glauben an den Schöpfer als Person, der den Menschen Hoffnung macht und die Angst vor dem Nichts nimmt.

Der Buddhismus ist eine ursprünglich von Buddha konzipierte Lehre ohne einen Gottesbezug. Dies hindert viele Anhänger eines Nirwanas nicht daran, zu Buddha als Bezugsperson zu beten.

Um westlicher Denkweise entgegenzukommen, hat man den Buddhismus entsprechend »reformiert«.

In der christlichen Religion gibt es Mensch und Gott, seine Allmacht und Ohnmacht, seine Nähe und Unendlichkeit.

Menschen können sich Gott als Person irgendwie vorstellen, ihn fürchten und lieben, und man kann sich an ihn wenden.

Gott spricht zu ihnen durch die Stimme des Gewissens.

Ohne miteinander zu reden, ist eine Beziehung kaum möglich.

Mönche haben eine Gebetsform in drei Stufen entwickelt.

Zuerst das gesprochene Gebet, dann die Meditation darüber und schließlich die gedankenfreie Kontemplation der gefühlsmäßigen Verinnerlichung.

Wie ein Musikstück vom Solisten nach Noten erarbeitet und eingeübt wird. Darauf basiert die Interpretation ohne Noten – intuitiv, kreativ, aus dem Gefühl heraus, kontemplativ fokussiert.

Gedankenlos Gebete aufzusagen ist noch kein wirklicher Glaube, eher eine passive Form der Zuwendung, da andere Gedanken ausgeschaltet werden (sollten).

Gemeinsames Gebet wie in der Kirche, erzeugt ein Gefühl von Zugehörigkeit zu Gleichgesinnten.

Gott danken heißt z. B. dass wir uns über unser Dasein freuen. Gott preisen, Gott »loben«, erwartet auch als eine innige Anbetung keine umgehende Reaktion Gottes.

Wobei es mir widerstrebt, Gott für irgendetwas zu loben, als ob er es erwartungsgemäß »ordentlich gemacht hat«.

Das Gewissen ist eine Reaktion, die auf eine Sache, deren Essenz, auf eine Person oder eine Situation intuitiv notwendig erscheint.

Mit dem Risiko und der Toleranz, ob eine Entscheidung zu dem jeweiligen Fall nun richtig oder falsch ist.

Obwohl es mitunter so aussehen mag, stehen nicht die Naturwissenschaften im Gegensatz zur Religion, sondern vielmehr die ideologischen Grundsätze des Materialismus: »Das Universum entstand zufällig aus Materie, ohne Geist. Einige materielle Objekte können sich vervielfältigen, so das Leben. Geist ist denkende Materie.«

Im Materialismus gibt es keinen Sinn des Lebens mit einer Existenz darüber hinaus.

Weder technischer Fortschritt noch die Psychiatrie befassen sich mit spirituellen Fragen. Geist, Intuition und Seele sind eine schöpferische, geistig-kreative Kraft, werden für nicht wissenschaftlich gehalten und nicht erforscht.

Depressionen und Neurosen nehmen zu, während der Computer den Menschen in vielen Bereichen das Denken abnimmt.

9 Atheismus, Gottverneinung

Der Guru aller Atheisten ist der Philosoph Friedrich Nietzsche (1844 – 1908), von dem das folgende Gedicht verfasst wurde:

Vereinsamt
Die Krähen schrei'n – und ziehen schwirren Flugs zur Stadt;
bald wird es schnei'n – wohl dem, der jetzt noch Heimat hat.
Nun stehst du starr, schaust rückwärts – ach!
Wie lange schon!
Was bist du Narr vor Winters in die Welt entflohn?
Die Welt – ein Tor zu tausend Wüsten stumm und kalt!
Wer das verlor, was du verlorst, macht nirgends halt.
Nun stehst du bleich, zur Winter-Wanderschaft verflucht,
dem Rauche gleich, der stets nach kältern Himmeln sucht.
Flieg, Vogel, schnarr dein Lied im Wüsten-Vogel-Ton!
Versteck, du Narr, dein blutend Herz in Eis und Hohn!
Die Krähen schrei'n und ziehen schwirren Flugs zur Stadt;
bald wird es schnei'n, weh dem, der keine Heimat hat!

Menschen, die Gott verneinen, nennen sich Atheisten.

Allgemein ist die Bezeichnung »Gott« gleichzusetzen mit einer höheren Macht, einem Schöpfer, der von außerhalb des Universums alles erschaffen hat.

Atheisten sind einseitig auf Wissen und Vernunft gepolt. Ohne einen dazugehörigen Gottesglauben kommen sie nicht weiter als es menschliche, limitierte Kenntnisse erlauben.

Die Mehrzahl der sogenannten Atheisten befasst sich kaum mit der drängenden Frage nach Gott.

Man macht daraus eine verdrängte Frage, verschanzt sich hinter Aktionismus und bezeichnet sich bei Bedarf als Atheist. »Gott interessiert mich nicht!«

Ist dieser Atheist unfähig, ein Gefühl für ein normales Innenleben zu entwickeln? Durch ständige Ablenkung versucht er, drängenden Gedanken zu entgehen.

Eine andere Form des Atheismus will Gott für unterlassene Hilfeleistung bestrafen. Man lastet die eigene Unfähigkeit, mit dem damit verbundenen Misserfolg, Gott an.

Dazu kommt noch alles Übel in der Welt, Gott wird dafür verantwortlich gemacht und man kündigt ihm die Gefolgschaft.

Einem Atheisten, der mit der im Raum stehenden Gottesfrage ringt, gelingt es auch mit viel Mühe nicht, die Existenz Gottes ad absurdum zu führen.

Für diese drängende Frage reicht allein menschliches Wissen und Vernunft nicht aus.

Dieser Atheist spricht womöglich mehr über Gott als mancher geistliche Würdenträger.

Ein Atheist, der seinem Gewissen folgt, steht nicht im Gegensatz zur Religion. Er befindet sich lediglich auf einem niedrigeren Level in dieselbe Richtung.

Menschen waren und sind im Grunde religiös, nur haben viele ihre Religiosität mehr oder weniger verloren.

Es gibt einen religiösen Fundamentalismus, wobei dessen Anhänger Bibeltexte aus dem Zusammenhang reißen, damit sie ihrer Anschauung entsprechen.

Was nicht passt, wird passend gemacht.

Den Gegenpol bildet im Atheismus der esoterische Fundamentalismus mit verschwörungstheoretischen Fantasien.

Gemeinsam ist beiden die Engstirnigkeit, mit der behauptet wird, alleine das Richtige zu kennen, da alle anderen falscher Ansicht wären.

Sowohl religiöse als auch atheistische Fundamentalisten rücken keinen Millimeter von ihrer einmal gefassten Meinung ab. Was nicht sein soll, existiert nicht.

Argumenten sind sie nicht zugänglich – denn sie könnten ja vielleicht zutreffend sein.

Eine große Gruppe stellen die »life-style-Atheisten«, um eine Mode, eine Massenbewegung des Zeitgeistes mitzumachen.

Sie fühlen sich als Querdenker. Ihr Motiv ist, sich anders als die Anderen zu gebärden, um etwas »Besonderes« zu sein.

Man findet sich interessant, wenn man durch die Ablehnung von Erfahrungswerten gegen den allgemein akzeptierten »Mainstream« ist.

Allerdings könnten auch allgemeine ethische Werte für falsch gehalten und in einem weiteren Schritt versucht werden, eigene unethische Verhaltensmuster dafür zu etablieren.

Verschwörungstheorien boomen im Internet.

Laut Experten sind die Urheber Spinner, Fantasten und egozentrische Narzissten. Gefährlich sind Terroristen und Kriegstreiber, aber auch Politiker, die mit Verleumdung arbeiten und Zweifel säen. Misstrauen wird zu einer Macht, die sich entgegen jeder Vernunft laufend verstärkt.

Verschwörungsideologien folgen einem Gut/Böse-Schema. In ihrer Wahnwelt lasten sie Forschungsprojekten besonders in den USA, Juden, Katholiken, Freimaurern und geheimen Mächten jeweils die Schuld dafür an, die Menschen zu hintergehen und auszunutzen. Das Volk würde von den Eliten immer und überall belogen und betrogen.

Komplexe Bereiche wie Regierungen, die Hochfinanz, Religion und Wissenschaft werden vereinfacht und auf einige Strippenzieher reduziert, die alles kontrollieren.

In Deutschland gibt es rechtsgerichtete Politiker, die ernsthaft behaupten, dass die Flüchtlingsströme provoziert worden sind, um das deutsche Volk gegen Migranten auszutauschen.

Irrationale Fantasien bis zu Wahnvorstellungen findet man sowohl bei einzelnen Menschen als auch in Gruppen, die das Internet als Multiplikator benutzen.

Einige halten die Bundesrepublik für einen illegalen Staat. Andere glauben, die Mondlandung habe nie stattgefunden oder die Erde sei eine Scheibe. Von Satelliten aus werden Waldbrände durch Laserstrahlen entzündet.

Offensichtliches verdreht man ins Gegenteil, und wer davon profitieren könnte, steckt dahinter.

In Fachkreisen gilt Narzissmus als eine psychische Störung, die Verschwörungstheorien provoziert.

Unsicherheit, Angst vor Kontrollverlust und abgehängt zu werden, führen zu Geltungsbedürfnis, Überschätzung und mangelnder Empathie.

Dies geht oftmals einher mit der Faszination und einem Glauben an fantastische Geschichten als Pseudoreligion.

Allerdings muss ein Krimileser nicht kriminell werden, wie auch jemand, der gern fantastische Verschwörungsgeschichten liest, nicht automatisch unter narzisstischen Störungen leidet.

Narzissmus gibt es in allen Bevölkerungsschichten, nicht nur bei Politikern in Machtpositionen, die überall fake-news der Lügenpresse wittern.

Die Basis einer Verschwörungstheorie ist oft ein wahrer Kern oder berechtigter Zweifel, worauf eine eigene Historie logisch aufgebaut wird. Jedoch nutzt man nur Fakten, die in die Geschichte passen und kaum zu widerlegen sind.

Damit wird konstruiert, was nur *ich* verstehe, was andere nicht wissen und verblüfft.

»Zu jedem Problem gibt es eine einfache, wenn auch falsche Lösung. Bis sich im Lauf der Zeit herausstellt, ob etwas richtig oder falsch ist.« (siehe Radosophie).

Wenn jemand narzisstische Anzeichen erkennen lässt und Verschwörungstheorien vertritt, kann man mit Gegenargumenten kaum etwas erreichen. Lediglich er selbst könnte hinterfragen, ob seine Geschichte objektiv schlüssig ist und warum er diese unbedingt glauben will.

Hat er eine subjektive Historie schlüssig konstruiert, sollte er auch die Fähigkeit besitzen, versuchsweise Gegenargumente zu seinen Ansichten zu finden. Als eigener »advokat diablo«.

Bezweifelt man selbst einzelne Gedanken des Gesamtthemas, lässt sich vieles objektiv überprüfen.

Falsifizieren, eine Theorie in Frage zu stellen und auf Schwachstellen zu untersuchen, ist eine wissenschaftliche Methode.

Hegel: *»Der Widerspruch ist die Regel für das Wahre.«*

Heisenberg: *»Ein Schluck aus dem Becher der Wissenschaft macht einen leicht zum Atheisten, aber am Grund des Bechers wartet Gott.«*

Auch die Wissenschaft stellt die Frage nach einem Schöpfer, denn weder die Evolutionstheorie noch die moderne Hirnforschung bieten Argumente dagegen an. Nicht nur im Christentum deuten viele Hinweise auf die Existenz eines personalen Gottes hin.

Der »Übermensch«:

Durch seinen Verstand ist der Mensch die Krone der Schöpfung, jedoch ist unser Körper keineswegs perfekt.

Der Kiefer ist zu klein für unsere Zähne, der Rücken in seiner Krümmung labil, die Füße ungeeignet für heutige Erfordernisse.

Eine Ursache könnte sein, dass wir vom Affen abstammen und uns körperlich immer noch nicht entscheidend verändert haben. Als Preis für die Entwicklung unseres Gehirns.

Sind wir eine Fehlkonstruktion oder das neueste Modell der Evolution?

Unter gefährlichen Bedingungen wurde man gefressen, wenn man zu langsam war, also musste der Mensch so schnell rennen wie er nur konnte. So hasten und rennen wir immer noch vorlastig, gehetzt vom technologischen Fortschritt.

Heute haben wir uns dank unserer Intelligenz von den harten Lebensumständen unserer Vorfahren durch den Nutzen der Technik teilweise frei gemacht. Jedoch sind wir abhängig vom unentbehrlichen Handy über Seh- und Hörhilfen, von künstlichen Gelenken bis zu Insulinpumpen, Organtransplantationen, Herzschrittmachern und implantierten Chips. Ist die Technik noch Werkzeug oder schon ein Teil von uns selbst?

Werden wir zu Cyborgs, immer abhängiger von Implantaten als »humane Maschine«?

Man züchtet aus eigenen Zellen neue Organe (mit Ausnahme des Gehirns) und wechselt sie gegen kranke aus. Krankheiten werden mehr und mehr für ein unbeschwertes Leben besiegt.

Mit der Gen-Schere »Crisper« können Gensequenzen ausgetauscht werden, um vererbbaren Krankheiten vorzubeugen.

Allerdings wird jeder Austausch weiter vererbt in der Hoffnung, dass die Nachkommen nicht zu Monstern werden.

Ist es der Sinn der menschlichen Evolution, Technik und Biotechnologie zu nutzen, um nicht länger der natürlichen Auslese unterworfen zu sein?

Könnten Sie sich vorstellen, dass der Mensch durch KI, Künstliche Intelligenz, überflüssig wird?

Der Mensch ist Verstand und Emotion, Identität mit Menschenwürde, Spiritualität, Religion und Kultur.

KI hat nur eine Nutzfunktion.

Sollte jedoch die KI über den Menschen dominieren, würde unser Überleben nach den Maßstäben der KI von unserer Nützlichkeit abhängen.

F. Tipler beschreibt in seinem Buch »Der Omegapunkt« ein Szenario, das ich folgendermaßen verstanden habe:

Die Menschen würden in ferner Zukunft in Supercomputern wieder lebendig. Eine überragende Technologie könne aus dem Licht, das irgendwann reflektiert wurde und damit Informationen gespeichert hat, Menschen samt ihrer Umgebung virtuell wieder herstellen.

Dazu gibt es ein Experiment: In zwei Gläsern mit Blut wurde ein Glas mit einem Erreger infiziert, woraufhin sich Zellen zur Abwehr bildeten. In dem danebenstehenden Glas entstand derselbe Abwehrmechanismus durch die Übertragung mit Licht.

Maschinen würden das Kohlenstoffwesen Mensch ablösen, sich durch Reproduktion vervielfältigen, das Wissen der Menschheit weiter bewah-

ren und entwickeln. Mensch und Maschine würden sich (selbstlernend) ergänzen, sonst ginge die Menschheit mit ihrem Wissen unter.

In 1 Milliarde Jahren wird es für das Leben auf der Erde zu heiß.

Die Mensch-Maschinen (nach Turing) seien Personen, die sich über das ganze Universum durch »Universum-Engineering« ausbreiten.

Dieser Fortschritt mündete durch die Vervollständigung aller Existenzen in einen Omegapunkt, in Raum, Zeit und Materie.

Wenn die Omegapunkttheorie zutrifft, hat das Gefühl zugunsten des Verstandes ein Ende.

Der Überlebensmechanismus des Maschinen-Menschen ist rationales Denken.

Übernehmen Maschinen als »Übermenschen« menschliche Eigenschaften wie Aggressionsverhalten und Machtstreben, sind Konflikte bis hin zum Krieg vorprogrammiert. Sollte sich die Intelligenz auch noch so weit entwickeln – die sozialen Verhaltensweisen in dieser dreidimensionalen Welt bleiben bestehen.

Der »Wilde Mann« steckt in allen Menschen, um sich gegen andere »Wilde Männer« behaupten zu können.

Ich sehe keinen Sinn darin, dass sich ein Rest meiner Identität als Maschinen-Übermensch in der dritten Dimension jahrhundertelang mit psychologischen und sozialen Problemen herumschlagen sollte, auch wenn mir körperlich nichts fehlt.

Erstrebenswerter erscheint mir ein ewiges Weiterleben nach dem materiellen Tod in einer geistigen Welt.

Nihilismus verneint Gott, was dazu führt, dass man verzweifelt sein kann; es gibt im Universum keinen Führer mehr.

Nietzsches »Wissender Mensch« findet sich damit ab. Er lernt, die Sinnlosigkeit der Realität zu ertragen. Dies können nur die höchsten Exemplare der Menschheit – der Übermensch, den schon die Nazis züchten wollten.

Das Hakenkreuz »fylfot« symbolisiert die ewige Wiederkehr, Fortschritt ist nur für eine begrenzte Periode möglich.

Dann bricht alles wieder zusammen und kehrt in vorangegangene Zustände zurück.

Die ewige Wiederkehr ist der Mythos von Sisyphos, der immer wieder einen Stein den Berg hinauf rollen musste. Er schafft es jedes Mal, sonst würde er Selbstmord begehen.

Es gab in der frühen Neuzeit eine hohe Selbstmordrate durch das Gefühl, allein zu sein in einer Welt ohne Gott und ohne Sinn.

Augustinus sagt, die christliche Religion erfordere einen linearen Zeitbegriff, um in die ideale Welt zu Gott zu gelangen.

Mathematiker Blaise Pascal:

»Lehnt ein Mensch Gott ab, weil er einen Schicksalsschlag erlitten hat, wird dadurch der eigentliche Denkstrom gehemmt.

Bei der Gottesfrage geht es um alles oder nichts, um Leben oder die finale Katastrophe.

Allein aus Vernunftgründen muss man von der Existenz Gottes ausgehen und sein Leben danach ausrichten.«

»Zu allen Zeiten war es vernünftig, an Gott zu glauben.

Lediglich 300 Jahre einer verhältnismäßig kleinen Minderheit können den Atheismus nicht vernünftig machen.«

Was »man« glaubt, ist auch ein massenpsychologischer Effekt. Glauben viele an Gott, ist es mutig, sich als Atheist erkennen zu geben.

Heute ist man als Atheist »in«.

Bekennt man sich offen zum Glauben, ist man mutig.

10 Die Sache mit dem Glauben

Jeder glaubt an etwas. Auch wenn Sie nicht an Gott glauben, an irgendetwas glauben auch Sie. Ganz ohne Glaube geht es nicht und sei es an Technologie, an den Frieden auf der Welt, an Ihre richtige Geldanlage, an eine politische Überzeugung, an das Gute oder das Böse im Menschen.

Als Atheist an die Vernunft.

Im Alltag glauben wir mehr als wir wissen.

Wenn Sie beim Bäcker Ihre Brötchen holen, glauben Sie, dass der Laden geöffnet hat, bevor Sie sich auf den Weg machen.

Und Sie glauben im Straßenverkehr, dass der Ihnen entgegenkommende Verkehr auf der Gegenfahrbahn bleibt.

Wo Wissen endet, ist die Perspektive zu glauben.

Der Mensch kann nicht denken ohne Glauben. Das zeigt sich in Redewendungen wie: Könnte ich mir vorstellen, nehme ich an, gehe davon aus, ist zu erwarten usw. Dabei gibt es positive oder negative Erwartungen, die unsere Reaktion beeinflussen.

Glauben heißt, was man nicht (mehr) wissen kann, muss man annehmen (glauben), um nicht zu resignieren.

Sonst würde es für Sie bedeuten, dass Sie auf Ihre Brötchen womöglich verzichten müssten.

Um an etwas oder jemanden glauben zu können, braucht man als Basis Fakten, die nicht aus der Luft gegriffen sind und einer kritischen Überprüfung standhalten. Ohne belastbare Randbedingungen wird auch spiritueller Glaube zur Illusion.

Offenbar brauchen wir den Glauben, warum sollte es also nicht möglich sein auch an Gott zu glauben?

Einzelne »Selbsterleuchtete« mit populistischem Redetalent denken sich eine mystische Pseudoreligion aus, die jeder Grundlage entbehrt.

Es wäre fundamentalistisch-esoterischer Irrglaube, an derartige Hirngespinste zu glauben.

Atheisten sind dafür anfällig, denn eine ersatzlose Gottesverneinung widerspricht dem spirituellen Bedürfnis des Menschen.

Wie der Physiker Cornelius Jager mit der Radosophie (siehe Internet) gezeigt hat, lässt sich mathematisch mit Hilfe willkürlicher unsinniger »Fakten« alles (Un)Mögliche schlüssig beweisen.

Unbewusst glauben Menschen an eine nicht fassbare Führung hinter der Realität.

Der tiefere Sinn, Transzendenz, die Essenz von etwas oder jemandem werden durch Intuition greifbarer. Ebenso Kultur, Kunst, Spiritualität und Religion.

Ohne zu hinterfragen, ist das alte Mütterchen in der Kirche der Wahrheit Gottes oft näher als viele Wissenschaftler.

Fantasien über den Glauben sind kein wirklicher Glaube. Auch mit Logik allein kann man sich nicht sicher sein.

Kommen Verstand, Intuition und Gefühl zusammen, wird der Glaube zur Überzeugung.

Durch Leid und Katastrophen haben vielleicht manche Leute ihren Glauben verloren. Aber noch mehr Menschen wurden in der Not im Glauben bestärkt oder haben dazu gefunden.

Befindet sich der Mensch in einer aussichtslosen Situation, wird er verzweifeln oder sich an Gott um Hilfe wenden.

Dies allein könnte schon Hoffnung erwecken und einen Ausweg eröffnen.

War das dann Optimismus oder Vorsehung oder beides?

Der individuelle Glaube an einen tieferen Sinn kann durch mehr Informationen vielleicht beeinflusst, aber nicht ersetzt werden.

Magische Fantasien aus dem Unterbewusstsein dominieren den logischen Verstand und steuern, was wir glauben. Der Mensch sucht sich aus einer religiösen Ideologie heraus, was mit seinem tief verwurzelten (Aber-)Glauben vereinbar ist.

Mit Verstand und Vernunft, aber auch aus einem unvernünftigen Aberglauben entsteht intuitiv unser spiritueller Glaube.

Alltägliche Entscheidungen, ob wir positive oder negative Erwartungen hegen, werden gefühlsmäßig stark beeinflusst.

Religiös ist im weitesten Sinn, wer mit Hilfe seiner Intuition einen tieferen Sinn im Leben sucht.

Zum Glauben gehört Intuition.

Deshalb sollten wir uns etwas näher mit der Intuition befassen. Über den Begriff der Intuition wird kaum gesprochen, da es schwierig ist, ein Phänomen zu erklären, das bis tief in das Metaphysische und Emotionale hineinreicht.

Intuitiv erfassen wir das Wesen, die »Seele« des Menschen in der Art seiner Psyche und seiner Erscheinung. Dieses Gefühl für die Essenz der Dinge und der Lebewesen lässt uns glauben, was wir mit dem Verstand allein nicht beurteilen können.

Ein allererster Eindruck von einem Menschen, ob wir ihm vertrauen dürfen oder nicht, bestimmt unsere Haltung ihm gegenüber. In weniger als einer Sekunde prägt diese intuitive Ahnung unsere spontane Beurteilung, als könnten wir seine Gedanken lesen. Ihre Intuition lässt Sie an ihm zweifeln, ihn akzeptieren oder sie sendet ein Warnsignal.

Erst durch überzeugende Informationen revidieren wir vielleicht unsere Meinung.

Bündeln individuelle Erfahrungen, zusammen mit einem vererbten animalischen Instinkt eine hellsichtige Intuition?

Unsere Intuition ist stark geprägt von dem, womit sie gefüttert wurde, was im Gehirn unbewusst oder bewusst und genetisch gespeichert ist. Unsere Meinungen und Ansichten, die sich aus der Allgemeinbildung ergeben, was man im Lauf der Zeit erlebt, lernt, liest, hört und sieht, fließen in die Intuition ein.

Intuitiv hatten Sie vielleicht eine tolle Idee, ohne zu wissen, wie Sie darauf gekommen sind.

Nicht die Beschäftigung mit Bekanntem bringt uns voran. Lediglich bekannte Fakten zu verwalten, hat noch keinem Genie zu neuen Ideen verholfen.

Spontane Ideen kommen weniger durch Logik zustande als durch schöpferische Intuition, die konzentriert das Wesentliche auf den Punkt bringt.

Der »zündende Funke« einer plötzlichen Eingebung ergibt sich aus einer Situation im Zusammenwirken von rechter und linker Gehirnhälfte durch irgendeinen Auslöser.

Eine Vernetzung des gespeicherten Wissens im Gehirn, eine »Cloud« nur für die Intuition, die anderen Bereichen des Gehirns übergeordnet ist, könnte bei Bedarf den blitzschnellen Zugriff ermöglichen.

Aktivieren Sie Ihre Intuition, indem Sie sich ungezwungen mit einem Thema befassen, offen bleiben, nichts erzwingen wollen mit der Überzeugung, dass Ihrer Intuition schon etwas einfallen wird. Gehen Sie in Ihrem Thema weiter voran, im sicheren Glauben an den kommenden Einfall. Im Zustand »fokussierter, lässiger Meditation«. Dann haben Sie evtl. eher eine Idee als durch intensives Nachdenken.

Psychosomatisch, mit einer guten körperlichen und mental entspannten Verfassung wird die Kreativität gefördert.

Unter starkem Stress oder mit Depressionen kommen kaum Ideen zustande.

Ihre Intuition weiß oft mehr, als Sie zu wissen glauben.

Für manch einen spontanen Einfall haben wir oftmals gar nicht genug bewusste Informationen – und doch sind wir uns seiner sicher.

Ist am »Bauchgefühl« das »Bauchgehirn« mitbeteiligt?

Intuitive, kreative Ideen gibt es im Alltag, andere sind großartig und inspirieren zu großen Erfolgen.

Isaac Newtons fundamentale physikalische Erkenntnisse beruhten vor allem auf seiner ausgeprägten Intuition, Fantasie und Vorstellungskraft und erst dann auf Experimenten, auf Fakten und Beweisen.

Möglich wäre aber auch, dass systematische Überlegungen genug »Material« sammeln und eine kreative Idee auslösen.

Über logisches Denken hinaus erkennt die intuitive Ahnung schlagartig den Kern einer Sache, eines Problems, in der Sicht auf das große Ganze.

Mit der richtigen Fragestellung bieten sich die entsprechende Idee und deren Lösung an.

Das gilt sowohl im täglichen Leben, als auch z. B. im Beruf eines Künstlers, eines Topmanagers oder eines Handwerkers.

Mitunter kollidiert ein intuitiver Querdenker mit der gängigen Meinung. Ihre Intuition basiert auf einem komplexen Hintergrund und ist meistens richtig. Jedoch kann es auch falsche intuitive Ahnungen geben.

Unerlässlich ist eine kritische Analyse, ob der Geistesblitz realistisch erscheint und sich gut anfühlt oder nicht.

Möglicherweise handelt es sich nur um eine vorschnell gefasste Meinung, ein Vorurteil oder eine unkritische impulsive Ansicht.

Theoretisch wäre es denkbar, dass Gott in Ausnahmefällen die Intuition nutzt, um dem Menschen auf die Sprünge zu helfen.

Wie bei den Möglichkeiten der Vorsehung hätte der Mensch die freie Wahl, auf einen intuitiven Gedanken zuzugreifen oder nicht.

Wunschdenken wäre es wohl, an eine permanente göttliche Inspiration zu glauben. Wo bliebe die Freiheit des Menschen, auch wenn er sich aus der Verantwortung stehlen und Gottes Idee die Schuld zuschieben könnte?

Ganz ohne spirituellen Glauben geht es nicht.

Wegen der Angst vor dem Tod sind die Kirchen und ihre Rituale weiter gefragt. Wird intuitiver Glaube zur tiefen Überzeugung,

schwindet die Angst vor dem Tod, der damit nur noch ein Übergang zum eigentlichen Leben wird.

Glauben Sie nur, weil Gott das möchte und Sie sonst nicht in den Himmel kommen, ist dies ein schwacher Glaube.

Weder kann man auf Befehl glauben, noch wenn man den Glauben zu Gott selbst erzwingen will. Und nicht, weil es logisch erscheint, eine Glaubens-Theorie zu akzeptieren.

Nur wer Gott für glaubwürdig hält, ist zu einem wirklichen Glauben fähig. Glaube ist intuitives Vertrauen mit Herz und Verstand zu jemand, für etwas.

Ein intuitiver Glaube hat gute Gründe und kommt aus dem Gefühl heraus. Zum Glauben sagen Sie irgendwann einfach ja – nicht mehr und nicht weniger.

Der Gottesglaube ist keine auswechselbare Theorie, lediglich die Wege zum Glauben können variieren.

Brauchen Sie einen Gottesbeweis, ist Ihr Glaube nicht viel wert, dann zweifeln Sie an Ihrem Glauben.

Und hätte man einen unzweifelhaften Gottesbeweis, wäre dies eine Katastrophe in der Beziehung des Menschen zu Gott.

Jedoch ist Gott für uns unfassbar und mit menschlichem Verstand nicht beweisbar.

Der Glaube beginnt, wo das Wissen endet. Da wir aber heute durch eine Informationsflut viel wissen, finden die Menschen später zum Glauben als noch vor etwa einhundert Jahren. Es dauert länger, bis wir erkennen, dass wir nicht weiter wissen.

Mancher glaubt genügend zu wissen, sodass er Vermutungen und Theorien über jeden Glauben ablehnt. Aber auch Atheisten glauben daran, keinen Glauben an einen Gott zu brauchen.

Der Mensch braucht ein Vertrauensverhältnis sowohl im Glauben an Gott als auch zu anderen Menschen.

Er muss sich akzeptiert fühlen, sich über die Seele in die Schöpfung eingebunden sehen und sozial integriert sein.

Er will geliebt werden, einen anderen Menschen bedingungslos lieben und an ihn glauben können.

Unser Vertrauen ist die Vorleistung, woraus sich erst eine echte Beziehung ergibt. Nicht lediglich ein »inszeniertes« Verhältnis ohne Tiefgang, das sich sinnlos auflöst.

Für die Entwicklung eines Kindes ist die Zuwendung der Eltern existenziell notwendig. Ohne die Geborgenheit in einer Beziehung mit Vertrauen, können Krankheiten wie Hospitalismus oder Suizid die Folge sein.

Die Lebenskraft von Psyche und Seele wird gespeist aus dem Vertrauen, dass wir in der Beziehung zu anderen Menschen angenommen werden und uns bei Gott in einem tieferen Sinn geborgen fühlen.

Der verlässliche Halt im Leben des Menschen ist ein personaler Gott, ein Vertrauensverhältnis mit Bestand.

Beziehungen zu anderen Menschen enden mitunter mit einem Vertrauensverlust und Trennung.

Es gibt die Sehnsucht nach einer nicht endenden Beziehung zu einem anderen Menschen, die oft eine Illusion bleibt.

Nach Erich Kästner: »Sachliche Romanze«

Als sie einander acht Jahre kannten
(und man darf sagen, sie kannten sich gut),
kam ihre Liebe plötzlich abhanden.
Wie anderen Leuten ein Stock oder Hut.

Sie waren traurig, betrugen sich heiter,
versuchten Küsse, als ob nichts sei,
und sahen sich an und wussten nicht weiter.
Da weinte sie schließlich und er stand dabei.

Sie gingen ins kleinste Café am Ort
und rührten in ihren Tassen.
Am Abend saßen sie immer noch dort.
Sie saßen allein, und sie sprachen kein Wort
und konnten es einfach nicht fassen.

Doch dann verloren sie die Geduld.
Sie ließ sich trösten, er war allein.
Einer gab dem Anderen die Schuld,
sie fühlten sich nirgendwo mehr daheim.

Sie zählten nicht mehr zu den Jungen
und hatten gemeinsame Macken.
Ein Neuanfang wäre schwer gelungen.
Nochmals von vorn anzupacken!?

So sind sie zusammen wie eh und je
und leben in einer Zweier–WG.

Ein Minimum an Vertrauen und Zuneigung muss für ein Zusammenleben vorhanden sein.

Das Maximum ist das totale Vertrauen dem anderen gegenüber, die Ich–Preisgabe, die vollständige Öffnung – und Verwundbarkeit.

Menschen gegenüber besteht das Risiko des Scheiterns.

Bedenkenlos können wir uns in der Gottesbeziehung öffnen.

Fehlende Zuwendung in der Kindheit oder ein abrupter Vertrauensverlust enden womöglich in einer Ich–Ablehnung.

Es ist jedoch auch möglich, dass Menschen, die eine schlimme Kindheit hatten, durch das Leiden gläubiger werden.

Oder mit einer behüteten Kindheit ohne wirkliches Leid, wird evtl. der spirituelle Glaube als unwichtig gesehen.

Wenn man von Menschen, denen man vertrauen möchte, nicht geschätzt und abgelehnt anstatt »aufgebaut« wird, entstehen Minderwertigkeitsgefühle und Sinnleere.

Liebe orientiert sich in einer Beziehung außerhalb des eigenen Ich. Aus der Liebe zu einem anderen Menschen erwächst die Ich-Bejahung.

Die Psyche kann sich nur entfalten, wenn der Mensch lernt, in positiven Beziehungen einen Sinn zu finden.

Eine unterdrückte Seele in dem Bewusstsein, dass das Dasein sinnlos verenden wird, kann kaum ein Vertrauensverhältnis zu Gott aufbauen.

Wenn alles egal wird, kein Sinn in diesem Leben und keine Perspektive für die Existenz danach besteht, ist der Tiefpunkt der Sinnlosigkeit erreicht.

Auch im Leid muss man einen Sinn suchen und dafür sein Möglichstes tun, mit oder ohne Ergebnis.

Ein Erfolg ist zumindest das Gefühl der Pflichterfüllung, mit der Hoffnung und der Chance auf einen Neuanfang.

Das Vertrauen zur eigenen Beziehungsfähigkeit lässt uns auf ein sinnvolles Leben und einen tieferen Sinn hoffen. Auf Gott und eine weitere Existenz nach dem Tod.

Vielleicht können Sie sich anschließen, wenn ich sage:

Fortschritt braucht Probleme.

Reife braucht Leid.

Sinnerfüllung braucht eine positive Einstellung und Eigeninitiative.

Eine Perspektive braucht ein Ziel, Wissen und Glauben.

Sie haben die Wahl, an einen Gott zu glauben, ihn als nichtexistent abzulehnen oder sich einfach dafür zu interessieren, welche Meinungen es über Gott gibt.

Viele Leute im selben Kulturkreis glauben sicherheitshalber an Gott, Engel und Wunder. Schon deshalb, weil andere das auch tun und es ein religiöses Angebot gibt.

Manche vergöttern Sänger oder Fußballstars und verehren das verschwitzte Trikot ihres Idols.

Andere bezahlen utopische Preise für Kunstwerke, aber nur für das Original, in dem für sie die Essenz, der Geist des Künstlers steckt.

Die Essenz des Menschen ist seine Seele.

Sobald etwas dem »Spirit«, dem Wesen einer Person, einem Tier, einer Pflanze oder einer Sache widerspricht, lehnen wir es gefühlsmäßig ab.

Gentechnik widerspricht »gefühlt« dem Wesen einer Pflanze, während die Homöopathie auf natürlicher Essenz aufbaut.

Ein schlechtes Image der Gentechnik ist objektiv betrachtet nicht pauschal gerechtfertigt. Die Wirkung der Homöopathie lässt sich anzweifeln, hat jedoch das Image von Natürlichkeit.

Wenn irgendein »böser Geist« oder etwas Gefährliches unser Gefühl der Abneigung aktiviert, wollen wir uns schützen.

So lange ist es noch nicht her, dass die Menschen in den Raunächten keine Wäsche aufgehängt haben und am Freitag den 13. am liebsten zuhause geblieben wären.

Aus dieser Gemengelage bildet man sich dann eine eigene Vorstellung vom Glauben an eine höhere Macht.

Vielleicht auch von einem einfachen Ahnenkult, mit oder ohne Wiedergeburt, was eher nachvollziehbar ist als komplizierte Theologie. Es ist die Rede von der Tragik des Geistlichen, der gegen den Aberglauben der Gläubigen ankämpfen muss.

»Religionstheorien«, Gedankenkonstrukte einzelner Gurus verbinden wissenschaftliche Erkenntnisse willkürlich mit mystischen Elementen oder science-fiction.

Esoterisch-fundamentalistische Sekten bedienen sich moderner psychologischer Methoden zur Gehirnwäsche ihrer Anhänger.

Durch unsere Freiheit, öffentlich kritisch über Religion nachzudenken, entstand eine Nachfrage, die zum Angebot unterschiedlicher spiritueller aktueller Heilslehren geführt hat. Jedoch müssten diese sich erst im Lauf von Jahrhunderten bewähren.

Vorausgesetzt Sie akzeptieren eine höhere Macht als Ursache des Universums, ist Ihr Interesse das gleiche wie all derer, die ebenfalls irgendwie daran glauben, dass alles Sein erschaffen wurde. Dann glauben Sie an einen Schöpfer, der mit Absicht das Universum gewollt hat. Dessen Ziel Leben ist, das abstrakt zu denken vermag.

Spirituell braucht man dafür ein Gottesbild.

Vorstellungen der großen Religionen über die Schöpfung könnten eine Anregungen sein, eine höhere Macht als Person zu sehen.

Gedanken über einen personalen Gott finden Sie in der Bibel.

Auch wenn Sie eine andere Glaubensrichtung vorziehen sollten, bietet sich das Christentum aus mehreren Gründen als Modell für unsere Gottsuche an.

Die christliche Glaubenskultur hat zwei Jahrtausende überdauert. Damit sind die meisten Europäer aufgewachsen, sodass wir darüber wissen, was wir von anderen Religionen nicht kennen.

Das Christentum ist die am meisten verbreitete und historisch mit die älteste monotheistische Weltreligion, da sie auf dem Judentum aufbaut.

Es wäre nicht möglich, unsere Suche nach einem Schöpfer auf sämtliche Religionen und religiöse Ideologien auszudehnen.

So bleiben wir bei der größten, der christlichen Religion – und sei es nur ein Musterbeispiel, um sich mit der Gottesfrage zu beschäftigen. Als Beispiel könnte das Christentum ein Leitfaden sein, um sich auf einem in Jahrhunderten gewachsenen kulturell-religiösen Fundament Gedanken über eine göttliche Macht zu machen.

Haben Sie ein anderes Gottesbild als ein Christ, wäre es möglich, eigene Vorstellungen von einem Schöpfer mit Gedankenbildern zu verbinden, die auch für das Christentum gelten.

Ersetzt man versuchsweise den Gott der Bibel mit der eigenen Gottesvorstellung, lassen sich womöglich Gemeinsamkeiten und neue Gedankenwege finden.

Auch wenn Sie mit der jüdischen oder christlichen Religion nicht einverstanden wären, so haben die alten Schriften doch unsere Kultur geprägt. Deshalb gehören das Alte Testament und das Neue Testament zur Allgemeinbildung. In den Überlieferungen aus Jahrtausenden sind Hinweise auf die Schöpfung und die Bedeutung für die Menschheit enthalten. Diese Religion ist aus einer langen Tradition der menschlichen Kultur erwachsen.

Ohne das Fundament von Tatsachen und glaubenswürdigen Indizien bleibt ein Glaube Wunschdenken. Glaubensfantasien werden nur vom Nutzen her gedacht. Möchten Sie etwas glauben, weil Sie es sich unbedingt wünschen, kann daraus kein belastbarer Glaube werden.

Die Basis einer (Glaubens)Theorie müssen kritisch überprüfbare Fakten und logische Hinweise sein.

3. Teil

Über den biblischen Weg Überlieferungen der Menschheit in Jahrtausenden

11 Hala al-Badr, der Gottesberg

Der Gott der Bibel hat außer einem religiösen auch einen archäologischen und historischen Aspekt.

Ein Ausgangspunkt, der metaphorische und sinnbildliche Erzählungen der Bibel in einen größeren Zusammenhang einbindet.

Erschien Gott in einem Vulkan in Saudi Arabien?

Auf dem 1 600 m hohen Hala al Badr, dem Gottesberg, erhebt sich ein 170 m hoher Krater.

Die Wirkung muss gigantisch gewesen sein: Gott als Vulkan!

Exodus 19: *»Der Herr war im Feuer auf ihn herabgestiegen.*
Der ganze Berg bebte gewaltig.«

Nach der Bibel erscheint Gott Moses auf dem Gottesberg im flammenden Dornbusch.

Hat Gott die Menschen in kleinen Schritten zum Glauben des Monotheismus hingeführt?

Der Pharao Echnaton, 1360 vor Christus, glaubte als Erster an einen universalen, einzigen Gott.

Auch die Juden glaubten an den einen Stammesgott – Jahwe. Durch Echnaton beeinflusst, erweiterten die Juden ihren Glauben.

Gottes erster Kontakt mit einem einzigen Volk könnte als Einstieg, als Vorbereitung gelten, um nicht einen globalen kommunikativen Tsunami auszulösen.

Wie es z. B. viele Messiasse gab, sodass die Menschen diesen Gedanken schon kannten.

Bei der Flucht aus Ägypten 1440 vor Christus kommen die Israeliten nach Midian zum Gottesberg und Moses erhält die Zehn Gebote in Stein geschrieben.

Auch Hinweise aus dem Koran und des antiken Historikers Flavius Josephus deuten auf den Midian und mehrfach auf den dortigen Gottesberg hin.

An einer 3 400 Jahre alten ägyptischen Tempelwand fand man die Inschrift: »Land der Shasu JHWH«.

Die Shasu lebten von Viehzucht und Karawanenhandel in Midian und waren als Räuber und Wegelagerer bekannt.

War Moses ein Shasu und sind die Shasu das auserwählte Volk? Diese Nomaden waren wandernde Viehhirten, die das Alte Testament Israeliten und Hebräer nennt. Am Tempelberg in Jerusalem fand man eine 3 000 Jahre alte Shasu-Figur.

Sowohl die jüdisch-christliche Religion als auch der Islam gehen auf Abraham zurück. Er lebte nach Aussagen von Archäologen 2100 vor Christus.

Wurde mit der Gotteserscheinung im Vulkan am Gottesberg der Monotheismus in die Welt gebracht? In diesen Zeitraum fällt der Bund Gottes mit Abraham.

Zur Zeit Salomons, 3000 Jahre vor unserer Zeit, gab es neben dem Monotheismus immer noch Götter, wie z. B. die Liebesgöttin Astarte und den Unterweltgott Moloch.

Exodus 32 berichtet vom Goldenen Kalb.

Saul wurde um 950 v. Chr. zum ersten König Israels, begleitet von dem Hirtenjungen David, der als Verfasser der biblischen Psalmen gilt.

Das Häuptlingstum Sauls war lediglich 20 x 15 km groß.

Es breitete sich aus, indem andere Orte überfallen und ausgelöscht wurden.

In einer Schlacht tritt David mit 600 Kämpfern in die Dienste der Philister, überfällt fremde Stämme, tötet Frauen und Kinder. Er kämpft sogar in einer Vernichtungsschlacht gegen Saul, wobei die gesamte Hebräerarmee zerrieben wird und Saul sich ins Schwert stürzt.

Er kontrolliert die Hügelwelt Judas und lässt sich in Hebron 940 zum König ausrufen, mit einem Reich von ca. 20 Dörfern.

David beerbt das geschwächte Königreich der »Sauliden« und vereinigt so alle 12 Stämme zu einem »Superstaat« in einem abseitigen und trockenen Land.

David und Saul waren rohe Fürsten der Eisenzeit. David eroberte Jerusalem, eine Bergfestung mit etwa 200 Einwohnern.

Archäologen fanden Hinweise auf das »Haus Davids« vor fast 3 000 Jahren. Diese aus archäologischen Funden rekonstruierten Fakten wurden in den Schriften von einer großen Anzahl Autoren in glanzvolle Mythen verwandelt.

Wollen wir etwas über Gott erfahren, sind es das Alte Testament und das Neue Testament, woran wir uns halten können.

Die jüdisch-christliche Vorstellung sieht in der Bibel Gottes Botschaft, die ideologisch sinnbildlich-symbolisch verstanden wird.

12 Die Bibel, mit Interpretationen

In unserem Kulturkreis ist die Bibel in den unterschiedlichen Auslegungen von Bibelforschern in historischer, religiöser und philosophischer Hinsicht die Grundlage christlicher Religion.

Betrachten wir die Bibel nach jüdisch-christlichem Verständnis, legen die Überlieferungen über die Propheten und im Neuen Testament das Erscheinen des Messias Gottes Eingreifen nahe.

Aus jüdischer Sicht gibt Gott in allen Lebenslagen Antworten in den Schriften und Psalmen.

Das Alte Testament und das Neue Testament wurden von Gott inspiriert und in menschlicher Ausdrucksweise, mit menschlichen Erfahrungen und Erklärungsversuchen verfasst, um darin enthaltene Gottesgedanken verständlich zu machen.

Das Buch Genesis ist eine metaphorische, symbolische und poetische Schilderung vor einem historischen Hintergrund, welche die menschliche Interpretationsfähigkeit fordert.

Jeder kann nach Erklärungen darin suchen, die für ihn zutreffen.

Die Wirklichkeit, die Wahrheiten, welche die Bibel beschreibt, wurden durch die Überlieferung zu Legenden. Aus diesen Geschichten entstand durch subjektive Filter eine eigene Historie.

50 Jahre nach Christi Tod schrieb Paulus seine Briefe.

Die Evangelien stammen von Markus (60 n. Chr.), Matthäus, Lukas (80 n. Chr.) und Johannes (100 n. Chr.).

Die Chronisten, die Evangelisten, haben Überlieferungen zusammengetragen und aufgeschrieben, die z. T. über Jahrzehnte mündlich weitergegeben wurden.

Auch Mythen haben in die Bibel Eingang gefunden.

Somit sind subjektive Darstellungen in der Denkweise der damaligen Zeit enthalten.

Sprache wandelt sich, einzelne Worte bekommen im Lauf von einigen hundert Jahren eine andere Bedeutung – wieviel mehr in zweitausend Jahren.

Sollte alles, was in der Bibel steht, wortwörtlich zu lesen sein, gäbe es nur Fundamentalisten und keine Bibelforscher.

Die Theologie ist gefordert, den Sinn der alten Ausdrucksweise für heute deutlich zu machen.

Z. B. meint im ursprünglichen Text »liebet eure Feinde« – »versöhnt euch mit euren Feinden«.

Über naturwissenschaftliche Themen gibt es populärwissenschaftliche Bücher, in denen die teilweise schwierige Materie einem Laien allgemeinverständlich näher gebracht wird.

Nur wenige verständliche theologische Schriften stehen für interessierte Menschen zur Verfügung.

Die oft kontroversen Ansichten der Theologen über biblische Aussagen sind in einer dem normalen Menschen weitgehend unverständlichen Fachsprache von Spezialisten gehalten und als Herrschaftswissen verdächtig.

Es gibt kaum Literatur, welche Auslegungen der Bibeltexte in allgemein verständlichen Formulierungen nach dem letzten Stand der Bibelforschung darstellt.

Wissenschaftlich besteht durchaus die Möglichkeit, authentische Inhalte der Bibel von erfundenen dramaturgischen Stilelementen zu unterscheiden.

Die begrüßenswert volksnahe, mehr oder weniger gute Predigt am Sonntag in der Kirche zeigt naturgemäß nur Teilaspekte auf. Auch wird damit lediglich die relativ kleine Gemeinde der Kirchgänger erreicht, nicht jedoch die große Zahl Sinn- und Gottsuchender.

Sind in der Bibel »Gottesgedanken« und Botschaften enthalten, kann der begrenzte Menschenverstand vermutlich nur im Lauf seiner weiteren Entwicklung alle verstehen.

So gesehen wäre das Geniale an der Bibel die Botschaft eines übermächtigen Geistes, ohne dass der Mensch durch detaillierte Vorschriften in einen geistlosen Kadavergehorsam gezwungen wird.

Will Gott den freien Willen des Menschen, kann die Bibel nicht wörtlich als eine Sammlung von Vorschriften und Anweisungen verstanden werden.

Die Bibel ist in Jahrhunderten geworden, in Qualität und Quantität. Sie ist ein Leitfaden mit Hinweisen, die genug Spielraum für die Ansichten und selbstverantwortlichen Entscheidungen des Einzelnen lassen.

Erfahrungen, nicht allein in Glaubensdingen, sind von Generationen in der Bibel überliefert und können heute zu Sinnfragen in unterschiedlichen Lebenssituationen beitragen.

Gleichnisse und Geschichten, auch als Negativ-Beispiele, zeigen Lösungen auf, die sich in die Welt der eigenen Anschauungen transponieren lassen.

Symbole sind nicht nur das Kreuz und Abbildungen.

Die Gleichnisse haben ebenso symbolische Bedeutung.

Um in der Bibel nicht allein eine Geschichtensammlung zu sehen, haben Sie vielleicht auch schon versucht, eine tiefere Bedeutung in dem einen oder anderen Text zu entdecken.

Es geht um Gott, die Schöpfung, Liebe, das ewige Leben – nicht um vordergründige Erzählungen. Nach der Bibel darf der Christ durch den Glauben an Gott und die Rechtfertigung durch die Erlösung auf ein ewiges Leben hoffen.

Lassen Sie uns einige Themen betrachten, um in den Beispielen und Geschichten einen sinngemäßen Inhalt zu finden, den wir je nach unserer aktuellen Situation zuordnen können.

Über Vergebung.

Auf Unverständnis stößt bei vielen Menschen die Forderung in der Bibel:

»Wenn dich jemand schlägt, wehre dich nicht und vergib ihm.«

Meldung in einer Tageszeitung: *»Ein Lkw-Fahrer hat einen Radler, den einzigen Sohn einer Witwe, aus Unachtsamkeit totgefahren.«*

Das Gericht verurteilte ihn als alleinschuldig.

Die Mutter verfluchte ihn und wünschte ihm, dass er für seine

Schuld leiden möge. Was er ihrem Sohn und ihr angetan hatte, beherrschte hasserfüllt ihre Gedanken.

Verzeiht sie ihm seine Tat und das Leid, das er ihr zugefügt hat, wird sie von ihrem Hass befreit. Der Fahrer muss weiterhin mit seiner Schuld leben. Die Schuld bleibt bestehen, jedoch die Größe des Leids, das er verursacht hatte, wiegt weniger schwer.

Über die Auferstehung der Toten.

Dokumentiert ist die »Nahtoderfahrung«, die bei vielen betroffenen Menschen ziemlich die gleichen Symptome hervorruft. Wissenschaftler erklären dies mit der Ausschüttung von Serotonin und Dopamin, um das Sterben zu erleichtern.

Sollte die Evolution dafür verantwortlich sein, ist darin kein Sinn für Selektion und Mutation zur Weiterentwicklung erkennbar.

In einer biblischen Offenbarung heißt es, dass die Toten noch »1 000 Jahre« ruhen und dann zusammen mit den noch Lebenden beim Jüngsten Gericht abgeurteilt werden.

Jemanden so lange im Ungewissen zu lassen wäre schon »unmenschlich« von Gott. Aber vielleicht vergeht in einer geistigen Dimension keine Zeit, während bei uns »1 000 Jahre« bzw. Millionen Jahre vergangen sind. Gilt für Verstorbene die zeitlose Ewigkeit, erlebten sie keine Wartezeit.

Dass die Toten zum Jüngsten Gericht aus ihren Gräbern kommen sollen, ist typisch für eine blumige Symbolsprache.

Über die Erbsünde.

Wie man berichtet, gibt es unterschiedliche Interpretationen zur ererbten Schuld.

Hat der Mensch sich Gott gegenüber versündigt und setzt sich diese Schuld mit jeder Generation fort?

Oder wird ihm die Schuld angelastet für eine Sünde, die der Mensch nicht begangen hat?

Sollte eine permanente Schuld darin bestehen, dass das Böse eine Eigenschaft der Menschheit ist?

Ein latentes Schuldgefühl könnte dadurch erzeugt werden, dass der Mensch seine Freiheit missbraucht, obwohl er Gut und Böse durch sein Gewissen unterscheiden kann.

Menschen sind frei, auch das Böse und Leid in die Welt zu bringen. Die Freiheit der Menschen reicht von einer spirituellen, ideologischen, religiösen Haltung bis zu Hass und operativer Gewalt.

Archäologen haben eine Theorie entwickelt, wonach in prähistorischer Zeit Jäger und Sammler weder Mord und Totschlag noch Kriege kannten. Sie waren Nomaden, die in riesigen, fast menschenleeren Gebieten umherzogen. Alles was die Natur zu bieten hatte, reichte im Überfluss für alle.

Erst mit Besitzansprüchen auf ein Stück Land und dem Beginn der Landwirtschaft bildeten sich sesshafte Gruppen, die sich bekriegten.

Vielleicht erschlug Kain seinen Bruder Abel wegen Landbesitz.

Als das Leben entstand, haben sich Zellen, die von Photosynthese leben, von den Fresszellen getrennt. Der Mensch ist eine Ansammlung von ca. 1 Billion Fresszellen, die er alle durchfüttern muss. Als Allesfresser tötet er Tiere.

Wie Sie wissen, hätte sich das menschliche Gehirn allein mit Pflanzennahrung nicht genug entwickeln können.

Nach einer Theorie ist der Mensch durch Kannibalismus schlauer geworden. Hat »Lucy«, die Frau aus der Urzeit, ihrem Adam etwas ganz anderes als einen Apfel gegeben? Im Tierreich sind die Jäger meistens intelligenter als die Pflanzenfresser.

Der mörderischste Jäger war und ist der Mensch.

Die Geschichte in der Bibel über das Urpaar Adam und Eva ist ein Gleichnis, das nicht nur eine Auslegung zulässt.

Es ist wohl klar, dass Eva im Paradies nicht wirklich für Adam einen Apfel gepflückt hat und dieser Obstdiebstahl als Erbsünde der ganzen Menschheit permanent angelastet wird. Damit wäre wohl kaum der Entzug der Unsterblichkeit sowie die Verbannung in das irdische Straflager ausgelöst worden.

Diese Geschichte kann nur ein Sinn-Bild sein.

Als Erbschuld heißt es auch, hat jeder Mensch eine Teilschuld an dem, was die Menschheit an Schuld angesammelt und an Bösem und Leid entgegen einem Gewissen verursacht hat.

Ein philosophischer Ansatz zur Erbschuld denkt schon allein die Existenz des Menschen als Schuld. Ein Mensch lebt auf Kosten anderer.

Schon wenn er geboren wird und weiterhin verbraucht er Ressourcen, die somit anderen nicht mehr zur Verfügung stehen. Mit seinem Dasein verdrängt er andere.

Er vernichtet Pflanzen und Tiere als Nahrung und beutet die Erde aus für das, was er zum Leben braucht, und oft noch darüber hinaus.

Trotz unterschiedlicher theologischer Interpretationen besteht weitgehend eine Übereinkunft darüber, dass es eine kollektive Erbschuld gibt.

Hat sich die Menschheit (Adam) Gott gegenüber schuldig gemacht und eine Schuld auf sich geladen, die sie von Gott entfremdet hat?

Wollte der freie, unsterbliche Mensch gottgleich sein und wurde sterblich?

Musste er für dieses schuldhafte Verhalten auf der Erde die leidvolle Entwicklung vom Tier, fern von Gott, zum Menschen durchlaufen?

Mit einem menschlichen Gehirn kam die Erkenntnis der Schuld und biblisch mit Christus die Erlösung von der ererbten Schuld zu einer potenziellen Unsterblichkeit.

Geblieben ist in unserer Welt das Böse und materieller Tod – womöglich das endgültige Ende eines Menschen.

Durch die Bibel zeigt Gott den Weg dazu auf, von Schuld befreit, das ewige Leben wieder zu erlangen.

Der Mensch hat die Wahl, mit einem ethisch wertvollen Leben, mit Nächstenliebe und dem Glauben an Gott die in der Erlösung angebotene Gemeinschaft mit Gott wieder möglich zu machen.

Oder er lebt, von Gott abgewendet egoistisch auf sich selbst bezogen und entwickelt sich zu tierischen Wurzeln zurück.

Sollte es schuldhaft sein, wenn der Mensch (als Kreatur Gottes) anders ist als Gott?

Bei Leibniz wäre dies »Malum Metaphysicum«.

»Malum Naturale« kommt wohl nicht in Frage, denn kein Mensch kann etwas für ein Unwetter, einen Vulkanausbruch oder einen Asteroideneinschlag.

Bleibt noch »Malum Morale«. Wenn der Mensch jetzt sündigt, trifft ihn zwar Schuld, aber diese kann er nicht ererbt haben.

Nach Leibnitz ist Malum Metaphysicum die Folge der ererbten »Sünde«, die von Adam und Eva begangen wurde.

Der Schöpfer wollte das »Andere«, das ihm als Du gegenübersteht und nicht aus ihm heraus geworden ist.

Gott hat die Existenz des »Anderen« außerhalb von ihm im Universum geplant inszeniert.

Damit es sich von selbst vom Tier, unvollkommen, gottesfern und fremdartig, zum freien Menschen entwickelt, der dem Schöpfer »selbstbewusst« begegnet.

Unsere »Schuld« besteht in den Charaktereigenschaften unseres ererbten Naturells schuldhaften, animalisch aggressiven Verhaltens, dem Malum Morale, das uns die Schöpfung mitgegeben hat.

Es gäbe uns nicht, wenn wir nicht trotz dieser Fremdheit, dieses Unterschieds zur Vollkommenheit Gottes, von unserem Schöpfer geliebt würden.

Schlussendlich sind wir mit seiner Hilfe geläutert, um ewig mit ihm leben zu können.

Mit der Schöpfung des »Anderen« hat uns Gott, als Preis für unsere Existenz, die Leiden dieser Welt aufgebürdet.

Nimmt Gott am Ende alle Menschen liebevoll auf –

»alles in allem«, und ist damit alles menschliche Leid gerechtfertigt?

Demnach ist der Grund der Schöpfung der »Andere Geist«.

Nach christlicher Vorstellung braucht es in Teilbereichen permanente Neu-Schöpfung.

Gott wurde in der Zweiten Person Mensch, mit allem Leiden des grausamen Todes am Kreuz und seinem immerwährenden Mitleiden mit jedem Menschen. Dessen Leiden durch Christus nicht weniger, aber sinnvoller geworden ist.

Der Anteil des Menschen zur Sühne für das Malum morale ist das Leid auf dieser Welt.

Schmerz und Leid sind die Währung, der Preis für unsere Existenz.

In einem Neubeginn ist die Menschheit erlöst und der Zustand der Entfremdung beendet.

Gott integriert sich selbst in Jesus Christus als Teil seiner Schöpfung.

Zum Zeichen der Versöhnung und der Zusage am Kreuz, das weitere schuldhafte Malum Morale des Menschen bis zu einem gewissen Grad zu tolerieren.

Gott nimmt Schuld auf sich, von der er vor der Schöpfung des Universums gewusst hat.

Das von Gott gewollte Malum Morale rechtfertigt sich aus der notwendigerweise sündigen Existenz des »Anderen Geistes«.

Derartige »Gedankenbilder« über Inhalt und Symbolik der Bibel kommen auch durch Leibnitz` Mithilfe zustande.

Auf der Grundlage der Kenose, des Sterbens von Jesus Christus am Kreuz und die offensichtlich gewollte Freiheit menschlichen Denkens.

Fragen, die im Raum stehen:

Hat Christus am Kreuz alle Menschen von der Erbschuld erlöst, unsere Vorfahren und die bis in die ferne Zukunft nach uns kommen?

Sind Menschen, die so gelebt haben, dass sie es mit ihrem Gewissen vereinbaren können, mit erlöst? Angenommen, etwa eine Billion Menschen. Würden nur ein paar Millionen Christen erlöst, müsste immer noch die überwiegende Mehrheit nicht erlöster Seelen »entsorgt« werden.

Über das Böse.

Polkinghorne: *»Nur gut, ohne böse sein zu können ist keine Freiheit. Das Böse muss Anreize und Vorteile bieten, sonst ist die Freiheit, sich für das Gute zu entscheiden, nichts wert.«*

Josef Ratzinger, Papst Benedikt XVI: *»Das Böse ist die Folge der Freiheit, hat dadurch Macht und schafft sich Strukturen.«*

Mehr Wissen bedeutet mehr Freiheit, aber auch mehr eigene Verantwortung. Haben Sie etwas als falsch oder richtig erkannt, wiegt eine Entscheidung schwerer als in Unkenntnis der Lage.

Somit müsste nach Kenntnis der Bibel an Christen und Juden ein strengerer Maßstab angelegt werden, um zu Gott zu gelangen, als an Andersgläubige.

Wir sind in unseren Entscheidungen gefordert, denn Menschen, Werte und Ethik ändern sich und wollen zum Teil neu gedacht werden.

Dabei müssen bestehende Werte, wie z. B. Toleranz, Respekt, aber auch die Menschenwürde oder neue Formen des christlichen Glaubens generationsübergreifend verstanden, akzeptiert und gelebt werden.

Sobald man Werte hinterfragt und sich selbst erarbeitet, macht man diese zur eigenen Sache.

Werden Werte diktiert, kann man dagegen opponieren.

Freiheit hat auch eine dunkle Seite, die ohne moralische Hemmung ins Chaos führen kann.

Dies ist ein Teil des Menschen, denn mit einem gewissen Maß an Aggression setzt er auf dieser Welt seine Bedürfnisse durch.

Doch müssen sozial den Mitmenschen und religiös Gott gegenüber diese negativen Eigenschaften beherrscht werden.

Lesen Sie in der Bibel, werden Sie versuchen, den Sinn und die Symbolik des einen oder anderen Textes zu deuten.

Ohne die tiefere Bedeutung dessen zu erkennen, was in der Bibel geschrieben steht, trägt vieles zur Verwirrung bei.

In der Kirche geht es weniger darum, das Evangelium zu verlesen (dies kann jeder selbst nachlesen), als vielmehr die Bedeutung der Gleichnisse zu erläutern.

In Bibelkreisen sollten nicht nur Texte gelesen, sondern über den symbolischen Inhalt der Bibel diskutiert werden.

Auch wenn Sie der christlichen Religion distanziert gegenüber stehen sollten, finden Sie hier doch interessante Gedankenbilder, die es in anderen Religionen so nicht gibt.

Das Wissen über diese Religion kann als Anregung für Ihr eigenes spirituelles Weltbild nützlich sein.

Lassen Sie uns einige Bilder aus der christlichen Theologie betrachten.

Der Inbegriff des Bösen ist der Satan.

Nach dem Mythos schuf Gott Lucifer als Engel mit überragender Intelligenz aus sich heraus. Trotzdem hat Lucifer gegen Gott rebelliert, wobei ihm klar sein musste, dass er gegen den allmächtigen Gott keine Chance hatte.

Obwohl Gott wusste, was er erschaffen würde, hätte er Lucifer gewähren lassen.

Glaubhafter erscheint, dass »Satan« ein Synonym für das Böse in dieser Welt, die dunkle Seite der Menschen ist.

»Weiche von mir, Versuchung!«

Wegen des Malum Metaphysicum und des Malum Morale starb der Sohn Gottes am Kreuz, was die gesamte trinitarisch verbundene Gottheit mit erleiden musste.

Gott-Sohn und Gott-Geist haben dafür vollständig ihre göttliche Allmacht abgegeben. Gott-Vater behielt seine Allmacht, außer für die Freiheit des Menschen bis hin zum Opfer seines Sohnes.

Gott ist allmächtiger »Geist«, außerhalb und innerhalb des Universums mit dem individuellen Kontakt zu jedem Menschen.

Der Schöpfer wollte einen externen, selbstverantwortlichen »Anderen Geist«, der ihm als Du in gegenseitiger Zuneigung gegenübersteht – mit dem er kommunizieren kann.

Wesen, aus Gottes Geist heraus mit einem »Es werde« erschaffen, wären Teil von Gott selbst, wie evtl. Engel.

Der aus Materie durch die Evolution gewordene menschliche freie selbstverantwortliche Geist entwickelt sich durch ein »Es soll werden« gottähnlich als Ebenbild Gottes.

Begann der Werdegang des »Anderen Geistes« mit einem Evolutionssprung (vielleicht vor 150 000 Jahren), geleitet von der göttlichen Vorsehung?

Die Grundlage zur Existenz des »Anderen Geistes« hat der allmächtige Designer mit »Es werde Energie« gesetzt.

Mit einer »göttlichen Software« entstand daraus unser Universum, in dem die Bausteine für Leben vorhanden sind, damit sich der »Andere Geist« von selbst entwickeln kann.

Im Universum gibt es Strukturen, die eigenen Gesetzen folgend aus vorhergehenden Strukturen entstehen können.

Gott wusste von Anfang an, welches Leid auf alle seine Geschöpfe, auf ihn selbst und den Anderen Geist zukommen würde. Mit der Bereitschaft, Leid und Freude um unserer Existenz willen zu teilen, hat Gott unsere Unvollkommenheit akzeptiert.

Indirekt ist Gottes Schöpfung des Universums die Ursache für das Malum Naturale.

Dem Malum Metaphsicum als Übel des animalischen, Gott fremden Charakters, verdankt der Mensch letztlich sein Dasein. Daraus resultiert das Malum Morale als fremdartiges, schuldhaftes Verhalten des Menschen. »Denn sie wissen nicht, was sie tun.«

Wie wir in der Bibel lesen, könnte die Mission des Messias als Gottes Hinweis zu verstehen sein, dass wir ihm in unserer Entwicklung ähnlicher geworden sind.

Die Beendigung der Entfremdung des Malum Metaphysicums ist

durch den Neuen Bund besiegelt, mit der Zusage des ewigen Lebens für den, der ohne Schuld ist.

Am Kreuz hat Gott in Gestalt des Gottessohnes das Malum Morale unserer Sünden auf sich genommen und damit diese Schuld gesühnt. Schuld wird getilgt durch Schmerz und Leid.

So sind wir akzeptiert mit all unserer Bösartigkeit.

Das Kreuz macht deutlich, dass Gott das Leid jedes Menschen mitträgt. Und schließlich ist das Sterben des Menschen Jesu am Kreuz der Ausgangspunkt für seine Auferstehung, als Zeichen für unser Weiterleben nach dem Tod.

Die allmächtige, im Universum und darüber hinaus allgegenwärtige dreieinige Gottheit musste in der sich selbst auferlegten Ohnmacht jeden Peitschenhieb und jeden Nagel, der in Hände und Füße des Gekreuzigten geschlagen wurde mit erleiden.

So sehen wir den geschundenen, körperlich und psychisch gefolterten Jesus am Kreuz hängen.

Jes. 53.5 *Die Strafe liegt auf ihm, aufdass wir Frieden hätten, und durch seine Wunden sind wir geheilt.*

Sind Heilige prominente Märtyrer, deren Leiden ihre Schuld aufwiegt, da sie fromm gelebt haben?

Gibt es unbekannte Heilige, die genug erlitten haben, deren Schuld damit getilgt und denen ohne ein »Jüngstes Gericht« das ewige Leben sicher ist?

Das nächste »Gedankenbild« kann einen Eindruck christlichen Glaubens vermitteln:

Allmächtiger Dreieiniger Gott, unendliche Weisheit, grenzenloser, ewiger Geist – der in Jesus Christus Mensch geworden ist.

Gefoltert, am Kreuz qualvoll gestorben, hast Du für unsere Sünden gebüßt, um unsere Schuld zu tilgen, und zum Zeichen der Erlösung von der Erbsünde der Entfremdung.

Herr Jesus, du Güte, die uns ewiges Leben schenkt.
Du Liebe, die uns trägt.
Du Barmherzigkeit, die meine Schuld und Sühne auf sich nimmt.
Du Stimme, die mich ruft.
Du Wort, das zu mir spricht.
Du Vorsehung, die mich leitet.
Du Geist, der in mir wohnt, ich bin geborgen in Dir.
Du teilst meine Freude und mein Leid.
Du Kraft, die mich belebt. Du Ruhe, die mich erfüllt.
Das Vertrauen zu Dir ist mein Halt und meine Zuversicht.
Du Heiligkeit, die mich wandelt, damit ich nicht ruhe, bis ich Dich schaue.

In der Bibel finden Sie, dass der Mensch vom ultimativen Tod verschont ist, wenn er aus Überzeugung glaubt. Christus ist für uns am Kreuz auch gestorben, weil es die absolute Notwendigkeit erfordert hat, und damit es der Gerechtigkeit genügt.

Noch ist der steinige Weg der Schöpfung nicht beendet – eine Geburt im Schmerz, die Äonen andauert.

Dies ist der Preis für unsere Existenz, mit der Hoffnung auf ein ideales, ewiges Leben im Jenseits (wenn tauglich).

Die Entwicklung der Menschheit wird vorangetrieben durch Überlebensstrategien, die aus der Not entstehen.

Zur Weiterentwicklung des »Anderen Geistes« wohnen der Schöpfung das Malum Naturale wie auch das Malum Morale inne.

Problemlösungen sind erforderlich wie schon in der Urzeit, bei Katastrophen, und das durch den Menschen verursachte Böse in der Welt.

»Fortschritt gibt es durch Probleme, Reife durch Leid.«

Es erheben sich Fragen, die Sie aufgreifen können, auf die es Antworten nur im Zusammenhang des Großen Ganzen gibt.

Gibt es die Schöpfung unseretwegen, sind wir die Keimzelle zur Weiterentwicklung des »Anderen Geistes«?

Können wir abstrakt denken, um die Schöpfung zu erkennen?

Wollte Gott mit seiner Schöpfung ein Du, das aus freien Stücken seine Liebe erwidert?

Wird ein Mensch, der erkennen und frei entscheiden kann »unbrauchbar«, wenn er Gott kategorisch ablehnt?

Ist ein Wesen mit einer Seele, wie etwa ein Embryo, ein Kleinkind, ein geistig Behinderter ausgenommen von der Entscheidung für oder gegen Gott?

Stehen höher entwickelte Tiere, die über Emotionen, aber ein stärker begrenztes Denkvermögen als der Mensch verfügen, auf einer geistigen Vorstufe?

Sind wir höheren Tieren in der Entwicklung einfach nur in der Zeit ein Stück voraus?

Ab welcher Entwicklungsstufe vom Tier zum Menschen war der Mensch »Anderer Geist«, ab wann nicht mehr fremd und erlösungsbedürftig?

Wird im Universum aus Leben grundsätzlich »Anderer Geist«?

Kann es weiteres intelligentes Leben im Universum geben, mit ähnlicher Entwicklung wie auf der Erde?

Von Gott gewollt, betreut und schließlich von der Entfremdung erlöst?

Fühlen Sie sich irgendwann einmal schlecht und fragen nach dem Sinn des Lebens – denken Sie daran, dass das Universum evtl. Ihretwegen existiert.

Welchen Sinn hätte ein materieller Kosmos ohne Leben?

Was Ihnen die Bibel anbietet, kann in Bezug auf die eigene Lebenssituation zur Interaktion mit den »Gedankenbildern« der Gleichnisse werden.

Die Bibel baut zu großen Teilen auf dem Zeugnis einzelner Personen auf, wie den Propheten, auf Textsammlungen antiker Handschriften und mündlichen Überlieferungen.

Es gibt Bibelforscher, die der Meinung sind, dass im Neuen Testament nur ca. fünf Prozent direkte Aussagen von Jesus Christus selbst stammen.

Alles Weitere wäre durch die Weitergabe in teilweise mündlicher Form zwar sinngemäß richtig, aber durch Ausschmückungen und die Interpretation Einzelner aus der Sicht der damaligen Kultur verändert worden.

Der Starke (z. B. eine Kolonialmacht) prägt den Schwachen mit seiner Sprache. In der Bibel jedoch spricht Gott in der Sprache des Schwachen, in menschlicher Ausdrucksweise zu den Menschen. Finden Sie es nicht erstaunlich, dass trotz einer Vielzahl von Autoren und Änderungen im Laufe der Jahrhunderte die Botschaft der Bibel offenbar im Sinne Gottes ist?

Hätten Menschen den komplexen Inhalt vor 2 000 Jahren manipulieren wollen, wären sie völlig überfordert gewesen.

Der historische Jesus wird glaubhaft von Nichtchristen erwähnt, wie dem jüdischen Geschichtsschreiber Josephus Flavius (38 – 100). Etwa im Jahr 111 schreibt der römische Statthalter Gaius Plinius an Kaiser Trajan, wobei er die Christen erwähnt. Der römische Geschichtsschreiber Tacitus (55 – 118) berichtet von Christus, der von Pontius Pilatus verurteilt und hingerichtet wurde.

Bei Ausgrabungen in Babylon fand man Hinweise auf Sternenkundige und Aufzeichnungen über eine außergewöhnliche Konstellation vom Jupiter zum Saturn.

Als ein hell leuchtender Doppelstern erschienen sie sieben Jahre vor Beginn unserer Zeitrechnung. Wissenschaftlich nachweisbar im April, im Oktober und im Dezember. Jupiter wurde mit »König« und Saturn mit »Schutz« in Verbindung gebracht. Demnach sind die drei Weisen aus dem Morgenland, über Monate geleitet von dem hellen Stern, von Babylon nach Jerusalem gereist, wo sie den neugeborenen Jesus fanden. Unsere Zeitrechnung müsste somit um sieben Jahre korrigiert werden.

Die Überlieferungen mit Texten über Christi Leben und Sterben wurden von unterschiedlichen Zeitzeugen aufgeschrieben.

Wären die Evangelien reine Erfindungen Einzelner, könnten sie in wesentlichen Teilen nicht derart übereinstimmen.

Die Evangelien sind historisch anerkannte Schriften.

Der Filter durch ursprünglich sechzig, dann dreißig, endgültig vier Evangelien könnte dazu geführt haben, dass sich daraus die Bibel entwickelte, wie wir sie kennen.

Akzeptiert man die Vorsehung Gottes, wäre es schon eigenartig, dass er die Bibel über Jahrhunderte in dieser Form hätte entstehen lassen, wenn sie denn falsch wäre.

Exegeten legen Teile der Bibel unterschiedlich aus.

Zum einen die brutale Drohung der ewigen Verdammnis, wenn wir nicht sofort alles hinwerfen und ununterbrochen gute Werke und Buße tun. Zum anderen die »weichgespülte« Frohbotschaft, die eine passive Haltung suggeriert.

Viele meinen nun, dass wir automatisch in den Himmel kommen, ohne etwas dazu zu tun und wir könnten sündigen auf Teufel komm raus, denn wir sind ja erlöst von allen Sünden.

Sollte unsere Schuld getilgt sein, wenn wir in der Beichte unsere Sünden aufzählen?

Sagen wir zur »Strafe« einige Vater-Unser her, ohne den wirklichen Vorsatz, diese Verfehlungen nicht mehr zu begehen – sind wir dann ohne diese Schuld?

Es heißt in der Bibel: »Eher geht ein Kamel durch ein Nadelöhr, als dass ein Reicher in den Himmel kommt.«

Würden Sie jetzt alle Ihre Ersparnisse verschenken und von Sozialhilfe leben, wäre das beachtlich, aber immer noch keine Garantie für ein ewiges Leben.

Es gibt keine Maut für den Weg zu Gott.

Gott hat uns mit dem Neuen Bund die Erbschuld erlassen bzw. uns davon erlöst. Somit kann der Mensch nach seinem Tod wieder zu Gott gelangen, was ihm bis dahin verwehrt war.

Was Sie selbst an Sünden begangen haben, ist damit wohl nicht gemeint. Je nach Schwere der Verfehlungen summiert sich Ihre Schuld, besonders wenn es zum Schaden anderer Menschen und damit auch gegen Gott gerichtet war.

Bereut ein Mensch (wirklich) und sieht er seine schlechten Taten ein, ist anzunehmen, dass die Schuld des Malum Morale vergeben wird.

Ist er uneinsichtig, gewissenlos und »verstockt«, schneidet er die Verbindung zu Gott ab.

Wird er schließlich doch noch einsichtig, könnte Gott ihm vielleicht verzeihen, seine Schuld auf sich nehmen und tilgen.

Nach dem Johannes-Evangelium waren die Juden »verstockt«, fern von Gott, der »glimmende Docht«, und blieben doch Gottes auserwähltes Volk.

Um mit der Kraft der Intuition zu glauben, müssen Verstand und Gefühl von Gottes Existenz überzeugt sein.

»Menschen sind aus eigener Kraft kaum in der Lage, zu Gott zu gelangen. Das kann nur Gott ermöglichen.«

Ist jeder Mensch mit einem Gewissen ausgestattet und weiß, was schlechte Eigenschaften und verwerfliche Taten sind, um Schuld und Leid gering zu halten?

Das Gewissen meldet sich von selbst und ist damit der Intuition ähnlich. Auch wenn jemand das Gewissen unterdrückt, drängt es sich wie eine sich selbst stellende Frage in den Vordergrund.

Sollte das Gewissen derart abgestumpft sein, dass es nicht mehr verdrängt werden muss, ist evtl. die animalische Seite eines Menschen bereits wieder dominant über die menschliche.

Mitunter gewinnt man durch die richtigen Fragen mehr Klarheit als durch zweifelhafte Antworten. Drängende Fragen, die sich für uns stellen:

Ist unser Beitrag für den Weg zum ewigen Leben der Glaube an Gott und was wir an Leid zu ertragen haben?

Toleriert Gott das »Malum Morale«, wenn wir genügend Einsicht zeigen?

Wurde durch Christus im Neuen Testament der Weg aufgezeigt, für den wir uns entscheiden müssen?

Hätten wir ohne die Erlösungstat keine Chance für unsere Weiterexistenz gehabt? Weder physisch noch geistig?

Zeigt sich am Kreuz die Solidarität des trinitarischen Gottes, ein Mitleiden mit der leidgeplagten Menschheit und als Beispiel für das Sterben jedes Menschen?

Wieviel geht in der Bibel auf die Inspiration der Verfasser zurück?

Wann haben damals die Verfasser zur Über- oder Untertreibung geneigt, und wann meinten sie etwas im wörtlichen, wann im übertragenen Sinn?

Braucht man als Leser Inspiration, damit einem die Bibel etwas sagt?

In seiner Jugend wandte sich Augustinus vom Christentum ab, weil sich manches in den Evangelien widersprach. Später sah er das anderes und akzeptierte alle Texte der Bibel.

Je mehr man von der Bibel versteht, umso größer wird die Toleranz zu akzeptieren, dass die Teilbereiche der biblischen Texte in Bezug zur gesamten Schrift gesetzt werden müssen.

Nicht nur zu der Zeit, als mündliche Überlieferungen aufgeschrieben wurden, hat es subjektive Veränderungen der Texte gegeben.

So gab es mehrere Formen des »Vater Unser«, wie es Jesus in der Bergpredigt gebetet haben soll z. B. das aramäische.

Entspricht die heute gängige, sicher mehrfach überarbeitete Version des »Vater Unser«, dem ursprünglichen Grundgedanken?

Einzelheiten sieht eine religiöse Ideologie nicht so eng.

Jedoch sind einige unglückliche Formulierungen verwirrend.

U. a. entsteht der Eindruck, dass Gott angeblich selbst die Menschen in Versuchung führt und zur Sünde anstiftet, damit er uns anschließend wieder davon erlöse.

Wie die Bibel durch viele Autoren und deren Interpretationen in manchen Passagen verändert wurde, dürfte dies auch für das »Vater Unser« zutreffen.

Eine sinngemäße Version des »Vater Unser« könnte sein:

Vater Unser, der Du bist im Himmel und auf Erden,
geheiligt werde Dein Name,
Dein Reich komme, Dein Wille geschehe.
Hilf uns, unser tägliches Brot zu bekommen
und unseren Schuldigern zu vergeben.
Bewahre uns vor der Versuchung, erlöse uns von dem Bösen und vergib uns unsere Schuld.
Dein ist das Reich der Liebe und des Friedens und die Kraft und die Herrlichkeit in Ewigkeit.

Sollte diese Version nicht historisch korrekt sein, ist die Theologie gefordert, den Text entsprechend zu formulieren.

Im Hinblick auf unsere Spurensammlung wäre eine weitere Form des »Vater Unser« denkbar, die sich in Teilen an das aramäische anlehnt:

Allmächtiger, ewiger Gott – unser Vater.
Unendliche Weisheit, grenzenloser Geist.
In Dir schwebt alles Sein
das nach Deinem Willen ist und vergeht.
Dankbar für unser Dasein, wollen wir Dir folgen und hoffen,
ewig mit Dir zu leben.
Vater, Du bist stets nah bei uns und bleibst doch verborgen,
damit wir in eigener Verantwortung frei entscheiden können.
Hilf uns, Deine Liebe in uns zu entdecken,
an Dich zu glauben, Dich zu lieben –
dass wir unseren Schuldigern vergeben und haben
was wir zum täglichen Leben brauchen.
Du bist uns Vater und Mutter.
Geborgen in Deiner Liebe, bitten wir:
Bewahre uns vor der Versuchung, erlöse uns von dem Bösen
und tilge unsere Schuld.
Nimm uns auf in Dein Reich der Liebe, des Friedens
und der Herrlichkeit für alle Ewigkeit.

Die Bibel ist nicht nur eine historische Geschichte. Der eigentliche Inhalt ist, dass sie vom Schöpfer-Gott erzählt, der Quelle allen Seins.

Ohne die Symbolik, die den Geschichten und Gleichnissen eine tiefere, numinose Bedeutung verleiht, bleibt alles oberflächlich, unbedeutend. Ohne Bezug zum eigentlichen Sinn.

Gott ist für den menschlichen Verstand unvorstellbar. Denken können wir, was Gott nicht ist. Er ist nicht das Sein, nicht Energie und Materie. Er ist außerhalb des mit Energie geladenen Vakuums, außerhalb des Universums, das er aus dem Nichts erschaffen hat.

Aus der jüdischen Mythologie:

Gott ist weibliche Liebe, Gnade, Mitgefühl – aber auch männliche Allmacht, dämonische Gerechtigkeit.

Gott wird, mehr weiblich oder männlich, von Menschen gedacht.

Der Mensch ist Teil seiner Umwelt, betrachtet sich jedoch als individuelles Ich. Dieses Ich ist nicht real, aber eine unerschütterliche Vorstellung. Adam entdeckte das menschliche Ich und spaltete sich von der Einheit Gottes ab.

Ein persönlicher Gott bestärkt die Berechtigung des menschlichen Ichs. Doch ahnt das menschliche Ich, dass es Teil der Einheit des Kosmos ist. Gott vereinigt alle Ich in sich – so ist alles mit allem verbunden.

Im Neuen Testament wird überwiegend von ewigem Leben und Verdammnis gesprochen. Im Alten Testament bewegt sich alles zwischen zwei Polen als notwendige Gegensätze, wie Recht und Unrecht, Gut und Böse usw.

Ein Kernpunkt des jüdischen Glaubens ist die Offenbarung des Exodus, die Befreiung durch Gott aus der Knechtschaft.

Die Vorstellung, Gott habe einen Klumpen Lehm in die Form des menschlichen Körpers geknetet und ihm Bewusstsein eingehaucht, ist Ihnen wohl auch schon begegnet.

Es ist einfacher sich vorzustellen, dass eine Höhere Macht »Leben in die Nase bläst«, als darüber nachzudenken, was die Bedeutung dieses Gedankenbildes sei.

Damit würde ein Gleichnis unbesehen wörtlich genommen, das symbolisch gemeint ist.

Sie kennen den Gedanken, dass Gott den Menschen in einem länger währenden Prozess vom Tier zum menschlichen Wesen nicht in einem einzigen Akt erschuf.

Erst als das tierische Gehirn genügend ausgeprägt war, könnte mit dem »göttlichen Funken« der menschliche Geist als potenzielles Ebenbild Gottes »beseelt« worden sein.

Damit hätte (mit dem Neandertaler?) die Gott-Menschbeziehung begonnen, die in den Glauben an einen Schöpfergott mündet.

Paulus 11.36 »*Aus Gott und durch ihn und zu ihm hin ist das All. Der Kosmos ist nicht Gott. Das Sein ist von Gott, schwebt in Gott, ist und vergeht nach seinem Willen.*«

Für Paulus verkörpert Christus das Sinnbild der Schöpfung.

Gott ist nicht Teil des Seins, das er aus sich heraus werden ließ. Das Gewordene z. B. das Universum, die Natur, ist nicht göttlich-unendlich oder unvergänglich.

Hier finden Sie Betrachtungen und Interpretationen von Bibeltexten:

1 Mose 2

»*Und die Erde war wüst und leer – Finsternis lagerte über der Urflut.*«

Psalm 104.6 »*Die Wasser standen über den Bergen*«

Das Sonnensystem bildete sich aus einer Gaswolke, die sich immer mehr verdichtete. Enormer Druck darin erzeugte u. a. aus Wasserstoff und Sauerstoff große Mengen Wasser.

Über Jahrmillionen wurde die Erde von Meteoriten bombardiert, die Wasser transportierten. Man geht davon aus, dass sich insbesondere drei große Wasser tragende Körper mit der heißen Erde verbunden haben.

Dabei kam es zu keinen heftigen Kollisionen, sonst gäbe es die Erde nicht.

Diese großen Asteroiden brachten riesige Wassermassen heran, jedoch erst zu einer Zeit, als die Erde kein glühender Feuerball mehr war, sonst wäre das Wasser verdunstet.

Zuvor muss ein planetengroßer Körper das Sonnensystem durchquert, die Bahn der Planeten beeinflusst haben und mit der Erde kollidiert sein.

Dabei wurde so viel Material herausgerissen, dass sich unser ungewöhnlich großer Mond bildete. Durch die Urkatastrophe im Sonnensystem war es auf der Erde Millionen Jahre lang durch Gase, Staub und Wasserdampf lichtlos finster.

Jahrtausende anhaltender Regen und die Hitze kochender Meere erzeugten bei 100 Grad Celsius heißen Wasserdampf.

Auf der Erde müssen katastrophale Zustände geherrscht haben.

Fand die Urkatastrophe vor 4 Milliarden Jahren statt?

Zu dieser Zeit wurden Mars, Merkur, Venus und der Mond von gewaltigen Meteoriten und Planetoiden getroffen. Durch Magmaausbrüche auf dem Mond bildeten sich die Mare.

1 Mose 1.9-10

Und Gott sprach: »Es sollen sich Wasser unterhalb des Himmels an einem Ort sammeln, und es werde das Trockene sichtbar.«

In einem lange andauernden Prozess hoben sich vor

135 Millionen Jahren allmählich die Kontinente und das Pazifische Becken senkte sich ab.

Hätten sich keine Becken und Erhebungen auf der Erde gebildet, würde die gesamte Wassermenge die Erdoberfläche mit einem Meer von 2 500 Metern Tiefe bedecken.

1 Mose 3

Gott sprach: »Es werde Licht.
Und er schied das Licht von der Finsternis.«

Das Licht schien diffus durch eine Wolkendecke, denn die Leuchtkraft der im Werden begriffenen Sonne war schwach.

Die größte Gasansammlung im Sonnensystem verdichtete sich zur Sonne. Jedoch erst später als die kleineren Planeten, die sich bereits früher zusammengeballt hatten.

1 Mose 4

»Gott sah, dass das Licht gut war.
Und Gott nannte das Licht Tag und die Finsternis Nacht.«

Das interstellare Gas hatte sich zur strahlenden Sonne komprimiert und auf der Erde wurde der Lichteinfall allmählich stärker.

Durch den stabilisierenden Einfluss des großen Mondes gab es mit einer konstanten Erdumdrehung Tag und Nacht.

Unter einer Kohlendioxidatmosphäre entstand im Meer die »Ursuppe«, während laufend Blitze einschlugen, als Voraussetzung für das Leben.

Die Wellenlänge des Lichts muss dafür eine bestimmte Frequenz und Energie aufweisen.

Gott hat die Gesetze der Evolution geschaffen.

Die galaktische Evolution ist eine vorprogrammierte determinierte Weiter- und Höherentwicklung.

Mit der Expansion des Universums nahm die Temperatur rapid ab. Damit änderten sich die Bedingungen, aus heißem Plasma gingen neue Strukturen hervor, Atome bildeten sich.

Dagegen ist die biologische Evolution ein komplexer Lernprozess von qualitativer Auswahl und Mutation zur flexiblen Entwicklung des Lebens.

Psalm 90.4

»1 000 Jahre sind bei Gott wie ein Tag.«

Nach der Bibel gab es sieben Gottestage der Schöpfung.

Gottestage könnten Zeitalter-Tage von etwa zwei Millionen Erdentagen sein. Am 1. und 4. Tag »Es werde Licht«, am 2. und 5. Tag Wasser und die Atmosphäre und am 3. und 6. Tag das feste Land. Die Zeitalter-Tage der Schöpfung beginnen, als »die Erde wüst und leer« war.

Es gibt die Ansicht, dass die Schöpfung noch andauert und das gesamte Universum nur die Rahmenbedingungen für geistbegabte Wesen, wie den Menschen, darstellt.

Als Schöpfungsakt gilt der Urknall, von Gott mit den Naturgesetzen ausgestattet.

In diesen determinierten, gesetzmäßigen Ablauf greift Gott ein, wenn ein neuer Abschnitt, ein Sprung in der Fortentwicklung notwendig wird. Etwa, dass im Anfang der Anteil an Wasserstoff höher blieb als der des Heliums, da genau zum richtigen Zeitpunkt die Umwandlung der Atome beendet war.

Biblisch »schwebte der Geist Gottes über den Wassern«. Vielleicht eine Zeitperiode, ein Schöpfungsakt als »Terraforming« in Millionen Jahren.

Solche Eingriffe haben evtl. Evolutionssprünge ausgelöst, die es weiterhin geben könnte. Wie z. B. die Entstehung der Ursuppe zur Erschaffung des Lebens.

Jes. 48.18

»Der Herr hat die Erde bereitet, dass man auf ihr wohnen solle.«

Die Evolution besitzt die Kraft für den Trieb zur Fort- und Höherentwicklung des Menschen.

Mutation im Genmaterial und Selektion innerhalb bestehender Arten finden kontinuierlich statt.

Innerhalb der Abstimmung von Leben und Umwelt gibt es eine »automatische« evolutionäre Anpassung. *»Es soll werden«*.

Die rein mechanische Selektion wäre für sich allein gefühllos, zweckorientiert, ohne Schönheit, ohne Kreativität, ohne Liebe, ohne einen Plan.

Nach den vorgegebenen Gesetzen der Evolution entwickelt sich das Leben, den Umweltbedingungen angepasst, weiter auf ein vom Schöpfer gewolltes größeres Ziel hin.

Das Chaos mündet in einem Ziel.

Neue Arten entstehen durch Sprünge in der Evolution.

Hier könnte Gott in einem Schöpfungsakt eingegriffen haben.

Eine theistisch gelenkte Evolution: *»Es werde«*.

Evtl. ist ein Evolutionssprung, als gewollte Mutation, die Ursache für ein »missing link« in der Archäologie, da die Reihe in der Weiterentwicklung übersprungen wurde.

In etablierten, automatischen Abläufen gibt es dagegen keine Sprünge.

Aber auch damit muss nach einem Plan ein Ziel angepeilt sein.

Ein Zufall kann weder einen Plan kreieren noch ein Ziel definieren.

Im Kambrium machte das Leben einen Evolutionssprung, wobei

sich innerhalb der »kurzen Zeit« von 90 Millionen Jahren die Vorstufen aller späteren Arten der Lebewesen herausbildeten.
Zuvor gab es etwa 600 Millionen Jahre lang nur Einzeller.
Ohne eine allmähliche evolutionäre Entwicklung erschienen im Kambrium Mehrzeller mit Nervenganglien, Wirbelansätzen usw.
Die Natur befand sich in einer Phase des Experimentierens.
Genau in diese Zeit fiel eine ruhige Phase auf der Erde mit warmen Meeren sowie Sauerstoff- und Ozonbildung durch Photosynthese im Wasser.

Im Anfang des Urknalls gab es die absolute Ordnung.
Nach dem zweiten thermodynamischen Hauptsatz kann die Ordnung nicht bestehen bleiben.
Strukturen zerfallen fortlaufend in Unordnung (Entropie) bis zur Energielosigkeit ins Gleichgewicht.
Die bestehende Ordnung des Lebens auf der Erde läuft dem physikalischen Gesetz der Entropie entgegen.
Leben braucht die Entropie um sich herum und wird davon erhalten.
Ein mächtiger Denker und Planer ist die Ursache, dass es innerhalb der Abwärtsbewegung der Entropie diese beständigen Inseln der Ordnung, das Leben gibt.

Leben ist zugleich determiniert und zufällig d. h. geordnet und chaotisch.
Das beste Beispiel dafür, dass Leben die Entropie für seine Existenz braucht ist unsere Sonne, von der es versorgt wird.

1 Mose 1.27
»Gott schuf den Menschen nach seinem Bild«.

Der göttliche Funke in uns ist der Keim, dass der Mensch Gott ähnlicher werden kann. Die Menschheit wird durch ethische Werte reifer.

Niedere Tiere passen sich mit Instinkt an, der sich an der Umwelt orientiert.

Höher entwickelte Tiere besitzen einen begrenzten Spielraum für die Freiheit eigener Entscheidungen auf der Basis von Emotionen und Verstand, in einer vorgegebenen Ordnung.

Schauen Sie uns doch einmal unvoreingenommen und möglichst objektiv an, als wären Sie nicht von dieser Welt.

Dann sieht man zunächst als Unterschied zu Tieren nur, dass wir etwas unbeholfen aufrecht gehen. Unsere Organe und unsere Körperfunktionen sind ähnlich und unsere sozialen Verhaltensweisen nicht anders als in einer Herde.

Biologen, die Gehirne von Tieren und Menschen erforschen, stellten fest, dass das Tier »Mensch« biologisch vielen Tieren sehr ähnlich ist. Auch emotional und kognitiv.

Manche Tiere empfinden Freude, Angst, Liebe zu ihrer Nachkommenschaft, haben Humor und verhalten sich sozial.

Was bei den Tieren als Instinkt bezeichnet wird, entspricht beim Menschen der Intuition, als erweiterter Instinkt.

Der Mensch hat sich die Tierwelt untertan gemacht, stellt sich in den Mittelpunkt und hält die »Nutztiere« entsprechend brutal in Massentierhaltung.

Die Bedürfnisse der Tiere für ein artgerechtes Leben werden der Effizienz und dem Ertrag geopfert, um aus primitiven und egoistischen Beweggründen den größtmöglichen Nutzen für den Menschen zu erzielen.

Ein Menschenleben gilt mehr als tausend anderer Leben. Mit dem Argument, dass nur der Mensch über ein höheres Bewusstsein verfügt.

Diese Egozentrik findet man sowohl im Humanismus als auch in allen großen Religionen.

Mit unserer Entwicklung vom Tier zum Menschen sind wir unvollendete Tier-Menschwesen.

Der Prozess ist noch nicht beendet und wir werden sowohl von unseren Instinkten und Trieben, als auch von einem höher entwickelten Verstand, von Kultur, ethischen Werten und Spiritualität geleitet.

Vielleicht ist Intuition eine Kombination von allem.

Der Mensch, in die Umwelt eingepasst, besitzt mit seinem Gewissen die Fähigkeit seine Triebe zu steuern.

Daraus resultiert Selbstverantwortung.

Gott toleriert vermutlich ein instinktives, triebhaftes und durch die Evolution bedingt aggressives Verhalten bis zu einem gewissen Grad.

Wie weit seine Toleranz reicht, wissen wir nicht, wenn ein Mensch sich animalisch zurück, anstatt zu Gottes Ebenbild hin entwickelt.

Vorgegebene Regeln und ein höheres Bewusstsein sind ein Funke von Gottes Weisheit in der Welt.

Somit ist in jedem Menschen etwas vom Geist Gottes, egal welcher Religion er angehört.

Apo. 6 2.10.11

»Der Mensch hat die Freiheit böse zu sein. Aber auch die Chance, sich bewusst zum Guten zu verändern und ohne das Böse ewig bei Gott zu leben.«

Nach der Bibel ist der Mensch nicht geworden (es soll werden), sondern von Gott erschaffen.

Wann wurde der animalische Vormensch zum Menschen mit erweitertem Bewusstsein? Paläontologen sagen uns, dass es ein »Mensch-Tier-Übergangsfeld« gegeben hat. Vor 2 bis 3 Millionen Jahren benutzten die Affenähnlichen bereits Werkzeuge, vor 500 000 Jahren Feuersteine.

Das Ich-Bewusstsein, der Mensch, entstand vor etwa 200 000 bis 150 000 Jahren zur Zeit der Neandertaler.

Archäologische Funde zeigen, dass ab dieser Zeit erstmals die

Toten feierlich bestattet wurden, was durch einen Glauben an ein Weiterleben nach dem Tod erklärbar ist. Es gab einen religiösen Kult, wobei z. B. der Bär als Gottheit verehrt wurde.

Durch einen Evolutionssprung (es werde) wurde das menschliche Gehirn mit höherem Bewusstsein ausgestattet, und die Menschen glaubten an höhere Mächte.

Zwar erscheint es logisch, dass mit der Vergrößerung des Gehirns die geistige Leistungsfähigkeit zugenommen hat und der Urmensch automatisch vom Tier zum Menschen wurde. Jedoch ist mit der Größe des Gehirns nicht zwingend ein höheres Bewusstsein verbunden. Nicht nur Pferde haben ein ebenso großes Gehirn wie der Mensch.

Nach der Bibel bedeutet Erlösung die potenzielle Wiederherstellung der Unsterblichkeit ohne den materiellen Körper, ohne Malum Metaphysicum und Malum Morale.

Mit der Tilgung der Erbschuld durch Gott wird der Mensch erneuert und durch eigene Mitwirkung tauglich für ein ewiges Leben. Durch Christus sind wir erlöst, wenn wir unserem Gewissen folgen und entsprechend leben.

Es geht um ewiges Leben oder den endgültigen Tod.

Das Universum ist vielleicht wegen des Menschen, aber nicht für den Menschen da, sondern für Gott. Der Mensch ist nur ein Bestandteil von allem. Der Sinn der Schöpfung ist das Erleben einer Ganzheit, über den Einzelnen hinaus.

Jes. 54.16

»Gott ist Schöpfer des Lichts und der Finsternis, des Friedens, des Unheils und von Krieg unter den Völkern zu deren Entwicklung.«

Hat Gott das Malum Morale mit den animalischen, aggressiven Instinkten den Menschen auferlegt, damit sie sich weiter entwickeln und im Überlebenskampf behaupten?

So kommt es zu Konflikten bis hin zum Krieg ganzer Völker.

Der Mensch kann im Lauf seiner Entwicklung, vom Urmenschen bis heute, Gott ähnlicher werden.

Der bereits weiter fortgeschrittene »naive Gutmensch« ist stark gefordert, um sich gegen die primitiveren »tüchtigen Falken« durchzusetzen. Obwohl es sich nicht so »anfühlt«, sprechen die Fakten dafür, dass die Menschheit während der letzten Jahrhunderte »menschlicher« geworden ist.

Unser Stammbaum, als generelle Hauptlinie, hat im Lauf der Evolution Seitenlinien gebildet, die immer wieder ausgestorben sind. Gene daraus sind im Hauptstamm erhalten geblieben. So ist der Homo sapiens das Ergebnis vieler längst ausgestorbener Völker und Rassen. Bei neueren Forschungen hat man 330 000 Jahre alte Gen-Fragmente gefunden, die bis heute im menschlichen Erbgut existieren.

Hätten Sie gedacht, dass Sie genetisch zu etwa fünf Prozent Neandertaler sind?

War der Anstoß für die Hauptlinie: »Es werde«?

Die der automatischen Selektion: »Es soll werden«?

Pred. 3.8-20

»Der Mensch hat nichts dem Tier voraus.
Es ist alles aus Staub geworden und wird wieder zu Staub.«

Menschen haben außer dem Animalischen etwas von Gottes Geist in sich. Sie können diesen jedoch durch ein ausschweifendes Leben verlieren, von Gott getrennt sein und zum Tier verkommen. Die tierische Seite des Menschen ist aggressiv und ohne »Beißhemmung«, wenn sie nicht gemäßigt wird durch das Gewissen, den Glauben an Gott und durch ethische Werte.

Der Mensch ist ein Doppelwesen:
Irdische Materie und potenziell gottähnlicher Geist.

Einerseits gibt es die Vor- und Nachteile von Freiheit auf dieser Welt sowie die Möglichkeit eines ewigen Lebens des individuellen menschlichen Geistes – andererseits die Leiden und Gefahren in einem irdischen Leben im noch unvollendeten Schöpfungsgeschehen.

In der materiellen, mörderisch gefährlichen, unvollkommenen Welt mit all ihrer Schönheit.

In den Geburtswehen der Schöpfung macht die Menschheit Höhen und Tiefen durch, um schließlich eine Reife zu erreichen, die ein Zusammenleben im vollkommenen Frieden ermöglicht.

Der Fortschritt könnte durch gegenseitige Unterstützung und Erfolgserlebnisse belebt werden, anstatt durch Konkurrenzkampf und Krieg.

13 Kirche als Weggemeinschaft

Monotheismus, einen Gott, haben Juden und Christen gemeinsam. Im Alten Testament werden Geschichten über Gott erzählt. Das Neue Testament ist die Fortsetzung mit der Menschwerdung des Schöpfers in der Person Jesu Christi.

Die Freiheit zur Auslegung der Bibel hat verschiedene Religionsgemeinschaften hervorgebracht. Wesentlicher Bestandteil ist die Bibel im Juden- und Christentum, aber auch teilweise im Islam.

Unterschiedliche Interpretationen bergen die Gefahr, authentische Inhalte zu verändern.

Die christlichen Kirchen haben den Auftrag übernommen, die biblische Botschaft zu verbreiten und ideologisch wie historisch zu erklären.

Dass es im Lauf der Jahrhunderte auch inakzeptable dunkle Zeiten gab, wie z. B. die Inquisition, hat mit dem Verhalten von Menschen zu tun – nicht mit der eigentlichen Botschaft.

Die »Kirche« sind alle Kirchenmitglieder und wenn einige davon in kirchlichen Funktionen unfähig, überheblich oder sogar kriminell sind, wird der authentische Inhalt der Bibel davon nicht betroffen. Es wäre zweifelhaft und engstirnig, würde man deshalb Gott ablehnen.

Die »heilige« Kirche hat aktuell durch ein vielfach selbstverschuldetes Fehlverhalten ein schlechtes Image. Dafür ist ein gewisser Prozentsatz inakzeptabler »Würdenträger« verantwortlich.

Die gesamte Institution pauschal zu verteufeln und in Sippenhaft zu nehmen, zeigt eine Intoleranz, die bis zu Verschwörungstheorien reicht.

Von einem sogenannten »hilflosen Protest« spricht man, wenn sich jemand z. B. über den Pfarrer und alle Theologen ärgert und deshalb aus der Kirche austritt.

Hat einer wenig Glück im Leben, richtet sich der hilflose Protest gegen jede Form von Establishment, auch zuweilen gegen Gott in der Phantasie eines Vatermordes.

Die Steigerung ist Wut und Hass gegen alle.

Die komplizierte kirchliche Lehre wird auch mit ständigen Wiederholungen nur schwer im Bewusstsein der Gläubigen verfestigt.

Dies dürfte ein weiterer Grund für die große Anzahl an Kirchenaustritten sein. Obwohl die Hälfte der Deutschen im Westen und ein Viertel im Osten an Gott, an Wunder und an Engel glauben. Etwa ebenso viele glauben an Wiedergeburt, an kosmische Energie, an eine geistige Dimension.

Auch wenn kaum einer eine konkrete Vorstellung davon hat.

Womöglich erreicht die Kirche mit einem antiquiert erscheinenden Auftreten die modernen Menschen nicht mehr.

Verstärkt wird dieser Trend durch die allgemeine stark materialistische Ausrichtung der Menschen und das schnelllebige Tempo einer rasanten technischen Entwicklung.

Für spirituelle Besinnung steht wenig Zeit zur Verfügung.

Konrad Lorenz spricht von der »Domestizierung des Menschen durch die Technik«. Dabei hat er von Computer- und Handysüchtigen noch gar nichts gewusst.

Es gibt eine Glaubensfreiheit, die nicht der politischen Unterdrückung oder Manipulation ausgesetzt ist.

Eine Freiheit, die aber auch zulässt, am Glauben und an der Kirche zu zweifeln. Dies ist ein weiterer Grund für Kirchenaustritte, für eine neue Sinnsuche und die Hinwendung zu einer Vielzahl möglicher aktueller Glaubensrichtungen.

Vom Fundamentalismus über Esoterik, Sekten und Verschwörungstheorien bis zur Gottesverneinung des Atheismus.

Als ein Phänomen unserer Zeit wird die Kirche nicht ernst genug genommen oder für nicht notwendig gehalten.

Dies hat auch mit Abgrenzung zu tun und weniger Bereitschaft, die Kirche zu verstehen. Unter Papst Franziskus soll nun der Versuch unternommen werden, Probleme wie die Ausbeutung von Minderheiten, von Verfolgten und des Umweltschutzes, speziell des Regenwaldes, pragmatisch anzugehen.

Reformen drängender Fragen gibt es jedoch nicht.

Für manche Menschen hängt der Glaube vom Image, von der Glaubwürdigkeit der Kirche ab. Glauben heißt vertrauen.

Lediglich kirchliche Traditionen, wie etwa die Taufe, werden in einigen Bevölkerungsschichten konsumiert. Dazu gehört eine passende Inszenierung mit stimmigem Ambiente.

Sollten wir als Christen nicht diese wankende Religionsgemeinschaft unterstützen, zu der wir gehören?

Anstatt unserer Kirche wegen schlechtem Management den Rücken zu kehren und auszutreten, weil nicht alles so läuft, wie wir es gerne hätten.

Was tragen wir selbst dazu bei, die Situation zu verbessern?

Bereits im Jahr 2015 traten ca. 440 000 Menschen aus der Kirche aus, mit steigender Tendenz. Allein in Bayern waren es 73 000. Von 50 Millionen Katholiken und Protestanten besuchen lediglich acht Prozent regelmäßig einen Gottesdienst und bekennen sich zu ihrem Glauben. Für 60 % der Deutschen haben Religion und Glaube keine oder wenig Bedeutung.

2015 lebten bei uns etwa 4 Millionen Muslime und noch mehr kamen seitdem als Flüchtlinge zu uns. Aber auch diese nehmen es oft mit dem Islam nicht mehr so genau.

Um den Glauben stand es vor etwa 500 Jahren auch nicht besser. Die Kirchen waren schlecht besucht und der Aberglaube stand in voller Blüte. Im Rückblick erscheint alles verklärt, da man in der Zeit der Romantik einiges dazu getan hatte, um die Realität zu verherrlichen.

Die verschiedenen Religionen in Deutschland nehmen zu, aber weniger Menschen praktizieren ihre Religion.

Häufig sind Ursachen für Austritte aus den christlichen Kirchen Missbrauchsvorwürfe, der Zölibat, Homosexualität, Anhäufung von Vermögen in der Kirche und der Umgang mit Geschiedenen. Debattiert wird über diese Themen in öffentlichen Foren. Im realistischen Einzelfall findet man es jedoch peinlich, darüber oder auch nur über Religion zu sprechen. Überwiegend finden Missbrauchsfälle im familiären Bereich oder in Vereinen statt. Bei der Kirche ist auch ein Anteil von 3 – 4 % schon unverzeihlich, da diese Institution Moral und Tugend für sich in Anspruch nimmt.

Manche Menschen wollen sich die Kirchensteuer sparen und treten aus der Kirche aus. Andere möchten nicht bei Gott »kündigen« und bezahlen als passives Mitglied ihren Beitrag.

Viele, die weiter Kirchensteuer entrichten, tun es oft wegen des sozialen Engagements der Kirchen.

Caritas und evangelische Diakonie sind das Rückgrat der Bundesrepublik mit etwa 50 000 Kliniken, Hospizen, Kindergärten (Anteil 70 %), Altenheimen (70 %), Suchtzentren und Frauenhäusern. Mit 900 000 Beschäftigten ist das eine für die Gesellschaft unverzichtbare Leistung der Kirche!

Auch die bundesweit etwa 50 % Singlehaushalte haben wenig Verbindung zur Kirche. Vorrangig sind in neuerer Zeit Internet-Netzwerke und evtl. der Sportverein.

Dabei gibt es ein Verlangen nach einer Form der Spiritualität zur Sinngebung. Berufliche und private Überforderung lässt dafür wenig Raum.

Im Mittelalter litten die Menschen unter der Furcht vor Dämonen, jetzt unter Sinnlosigkeit.

Viele Menschen wollen an etwas glauben, was sie jedoch selbst wählen können.

In Hinblick auf die von Gott gewollte Freiheit des Denkens steht es dem Menschen frei, die Botschaft Gottes (soweit er sie versteht) anzunehmen oder nicht – welche Konsequenzen das auch haben mag.

Diese Freiheit des Denkens in unserem Kulturkreis hat sich über einen längeren Zeitraum schrittweise entwickelt.

Noch Anfang des 20. Jahrhunderts waren die Erziehung und das Berufsleben autoritär ausgerichtet.

Kaum jemand zog in Zweifel, was ihm vom autoritären Establishment gesagt wurde.

Man glaubte einfach, was man gesagt bekam.

Derart limitierte Anschauungen bergen jedoch die Gefahr des Fundamentalismus in Glaubensfragen.

Man ging in die Kirche, traf Freunde und Bekannte und glaubte an Gott wie alle anderen, warum auch nicht?

Beeindruckt von einem religiösen Umfeld war es oft ein tiefer Glaube, der nicht hinterfragt wurde. Von Nonnen wird berichtet, die bei der Messe in Ektase fielen.

Mitte des 20. Jahrhunderts begannen die Menschen sich allmählich gegen autoritäre Zwänge aufzulehnen und individuelle Freiheiten für sich in Anspruch zu nehmen.

Im Berufsleben waren Vorgesetzte und in der Kirche Geistliche nicht mehr automatisch Respektspersonen, das mussten sie erst beweisen.

Dieser sich allmählich entwickelnde Umbruch machte einen anderen Umgang miteinander sowohl in der Familie als auch in den Betrieben notwendig.

Führungskräfte in den Betrieben haben sich bemüht, auf diese neue Mentalität der Menschen zu reagieren.

Vom anfänglich autoritären über den patriarchalischen (halbautoritären) bis zum kooperativen (führungslosen) Führungsstil gab es Fortschritte und Rückschläge.

Eine Version, wobei Angestellte partnerschaftlich respektiert, selbstständig und selbstverantwortlich mitarbeitend mit der Führungskraft auf gleicher Augenhöhe sind, war der allgemeinen Entwicklung freiheitlichen Denkens noch zu weit voraus und erfordert spezielle Führungsqualitäten.

Die Kirchen haben keinen Versuch gemacht, sich mit der Veränderung von Zeitgeist und Menschen zu befassen. Seitdem werden sie von diesem Prozess eingeholt, der sich in einer Eigendynamik weiter beschleunigt. Anstatt die Heilslehre über die Menschen pauschal auszugießen, sollten diese unter Anleitung ausgewählte Bibeltexte selbst erarbeiten, um die Symbolik und Ursachen zu erfassen. Die Basis des Glaubens bilden Erkenntnisse durch Vernunft und Intuition.

Unbegründeter Glaube hält kritischen Fragen nicht stand.

Die Menschen wären in Glaubensfragen für Unterstützung dankbar gewesen. Sie sind es noch, wenn sie auch immer kritischer und schwerer erreichbar werden.

Auch in den Familien musste man erst einmal lernen, mit der neuen Freiheit umzugehen. Manche erzogen ihre Kinder antiautoritär d. h. ohne Anleitung (als unterlassene Hilfeleistung). Die Kinder waren völlig überfordert, da schon die Eltern nicht recht wussten, was sie mit ihrer Freiheit anfangen sollten.

Inhalt von Erziehung sollte sein, den Prozess zur Sinnfindung und das Gewissen zu sensibilisieren, damit Kinder Werte aus eigenem Antrieb erkennen. Um ein gutes Gewissen zu haben, muss man für andere, für die Umwelt etwas leisten.

Zumindest darf das natürlich vorhandene Gefühl für ein ethisch wertvolles Verhalten nicht negativ beeinflusst werden.

Der Wert »Respekt« ist in neuerer Zeit auf einem Tiefpunkt angelangt. Respektlosigkeit mündet vielfach in ungesteuerte Aggressionen.

Eine große Verunsicherung gab und gibt es vor allem in Glaubensfragen. Freiheit verlangt, dass man manches hinterfragt. Eine relativ unkomplizierte autoritäre Form des Glaubens, die sich über Jahrhunderte etabliert hat, kommt für viele nicht mehr infrage.

Religiöse Ektase, Fanatismus und blinde Gläubigkeit sind in unserer technisch nüchternen Zeit einer kritischen Denkweise gewichen, die uns zu schaffen macht.

Will man glauben, muss man vieles eigenverantwortlich für sich neu definieren. Entweder eine neue Glaubensbasis finden, oder sich bemühen, die alten Werte nicht zu verlieren.

Der religiöse Glaube braucht Vernunft, um ein wertvoller Glaube zu sein.
Verstand, Vernunft und Glaube ergänzen sich.
Die Menschen suchen letztlich mit Verstand und Gefühl nach einem wahren Sinn und damit nach Gott.

Religion ist ein Teil der menschlichen Kultur.
Eine Religion, die alle anderen Religionen als absoluten Irrweg ansieht, wäre wie eine Sekte.
Eine Universalkirche respektiert auch Andersgläubige.

Manchen Kirchenmitgliedern geht es vorrangig um Trauung, Taufe und Begräbnis und nicht um Sünde und Glaube. Die Menschen haben immer weniger eine religiös-weltanschauliche Basis. Sie gehen in die Kirche, obwohl sie nicht an einen personalen Gott glauben. Diese Menschen glauben evtl. an eine höhere Macht im Universum und fühlen sich spirituell berührt. Den biblischen Bildern stehen sie ablehnend gegenüber. Sie glauben eher an geistige Energiefelder oder an ethische Werte.

Die Sehnsucht nach einem tieferen Sinn bleibt jedoch bestehen und einige schalten ihren Verstand ab, um sich dubiosen Sekten anzuschließen.

Paulus: *»Der Unmündige wie der Vollkommene werden von derselben Offenbarung getroffen, aber nur der Vollkommene durchschaut, was sich an ihm und in ihm vollzieht.«*

Agnostiker halten verstandesgemäß einen tieferen Sinn und etwas Höheres für möglich. Sie sind sich ihrer Sache aber nicht sicher und kommen ohne Glauben nicht weiter.

Überzeugte Atheisten neigen zur totalen Verneinung.
Absolute Gottlosigkeit kann zum Nihilismus ohne ethische Werte führen.

Sowohl der Glaube an Höheres wie auch der Atheismus fordert ein Bekenntnis zur jeweiligen Position.

Als »Lückenbüßer-Gott« für die eigene Unwissenheit erscheint Gott in dem Maße überflüssig, wie naturwissenschaftliche Erkenntnisse religiöse Erklärungen in vielen Bereichen verdrängen konnten.

Man glaubt zu wissen, anstatt zu glauben.

Lessing: *»Wer über manchen Dingen nicht den Verstand verliert, der hat keinen«.*

Oosterhuis[2]

Kirche ist nicht nur ein Gebäude, sondern alle Christen sind die Kirche, alle Menschen, die nach dem christlichen Glauben leben und ihn weitergeben. Damit kommt es auch zu menschlichen Fehlern bei der Interpretation, zumindest von Teilen der Bibel.

Glaubenserziehung ist, in einem Kind eine Sehnsucht nach Befreiung und Gerechtigkeit, nach einer anderen Welt als der jetzigen zu wecken. Durch das eigene Vorleben, was Recht ist und was Unrecht.

Mit etwa sechzehn Jahren können Kinder Ungerechtigkeit reflektieren und dann können sie mit der Bibel konfrontiert werden. Was nicht gelingt, wenn man Kindern die Bibel auf dem Niveau von Märchen erzählt. Dann wird im späteren Leben viel intellektuelle Anstrengung nötig sein, um die Glaubensgeschichte auf erwachsene Art und Weise verstehen zu können und menschlich von Menschen zu denken.

Es gibt ein bedingungsloses Urvertrauen, wie Kinder es ihren Eltern entgegenbringen, das wir später erst wiederfinden müssen.

Das endliche Leben zerfällt entweder ins Nichts oder erscheint als ein Licht in der Dunkelheit, als der Glaube an ein ewiges Weiterleben.

Dieses Licht leuchtet umso heller, wie das Vertrauen in Gott wächst und stärker wird.

Das Vertrauen in Gott zu wecken, zu vermitteln und zu stärken ist im ideologischen Sinn die Aufgabe der Kirche.

---

2 aus »Ich steh vor Dir«, Herder Verlag.

4. Teil

Über eine Höhere Macht
Antwort auf die Gottesfrage

14 Zweifel/Hoffnung, Verstand und Glaube

Ein Denkansatz, der auch in islamischen Schriften erscheint, geht davon aus, dass nicht Jesus am Kreuz gestorben ist, sondern sein Doppelgänger. Als Doppelgänger (Sündenbock) käme Judas der Verräter oder Thomas vom Kyrene infrage, der Jesus das Holzkreuz abgenommen und für ihn getragen hat. Ihm hätte Gott das Aussehen von Jesus verliehen, damit Jesus selbst unversehrt in den Himmel auffahren konnte.

Unverständlich ist, dass Jesus vor der Kreuzigung entsetzlich gefoltert wurde und womöglich den Tod herbeisehnte.

Alternativ hätte Gott eine Illusion entstehen lassen, sodass die Juden glauben sollten, sie hätten die Kreuzigung des Menschen-Gottessohnes ausgeführt.

In unserer Zeit geht eine Exegetin davon aus, dass dieses Szenario Gott selbst als Intrige gegen die Juden lanciert hat.

Auch im Koran gibt es eine Version, nach der es den Juden nur so erschienen sei, als hätte die Hinrichtung Jesu stattgefunden, sodass sie sich verantwortlich fühlten. Die Juden denken, sie hätten Jesus gekreuzigt, ohne die Rolle der Römer zu berücksichtigen. Im Übrigen nimmt Jesus Christus im Islam eine herausragende Position ein.

Das Johannesevangelium findet man im Koran. Der auferstandene Jesus kommt am Ende der Zeit als Sohn Gottes und erweckt die Toten einschließlich des Propheten Mohammed im Jüngsten Gericht.

Bei Joh. 21 heißt es sinngemäß, dass Gott die Juden »verstockt« hat, d. h. sie wurden blockiert und glaubten deshalb nicht an Christus. Obwohl ihnen Jesus durch Wunder den Beweis dafür erbrachte, der Messias zu sein.

Exegeten vermuten, dass Gott mit der Blockade die Möglichkeit eröffnen wollte, die Heiden zu erlösen.

(In der Einheitsbibel ist dieser Text nicht zu finden mit dem Hinweis, dass man nicht alles aufschreiben könne).

Sinnsuche bedeutet auch Zweifel an Gott.

Viele Leute fragen sich, warum es so viel Leid auf der Welt gibt, ohne dass es der liebende Gott verhindert.

Wenn menschliche Not zu einem schweigenden Gott ruft, frägt wo Gott ist und ihn für ungerecht hält, weil er nicht hilft.

Der Mensch zweifelt mitunter, ob es überhaupt Sinn macht zu leben.

Überwindet ein Mensch Leid und Zweifel, geht er gestärkt aus dieser Situation hervor.

Findet man die richtige Einstellung und sieht einen Sinn im oder durch das Leid, schöpft man Hoffnung und glaubt an eine Zukunft. Ohne Herausforderungen und Probleme gibt es auch im Alltag keinen Fortschritt. Das Leid kann damit zum Auslöser eines Reifeprozesses des Menschen werden.

Blaise Pascal: *»Wollen Sie zum Glauben gelangen, lernen Sie von denen, die früher von Zweifeln geplagt wurden.«*

Haben Sie sich die drängende Theodizee-Frage selbst auch schon gestellt: Wenn es einen allmächtigen Gott gibt, warum tut er nichts gegen das Übel?

»Solange der alte Mann dort oben nicht hilft, kann ich nicht an ihn glauben.« Stellt man sich einen gebrechlichen alten Mann als Gott vor, kann man kaum mehr erwarten.

»Der liebe Gott hat mich wieder gesund gemacht.«

»Hat er mich zuerst aber krank gemacht?«

»Ist er nun ein lieber Gott?«

Ist es der Sinn der Schöpfung, dass ein »Anderer Geist« neben Gott selbstverantwortlich mit freien Entscheidungen existieren kann, dann muss Gott seine Allmacht zurücknehmen.

Er muss verborgen bleiben, um dem Menschen die nötige Entscheidungsfreiheit zu gewähren – mit allen Konsequenzen.

Würde Gott anstatt des Menschen aktiv werden, wären wir zwar die Verantwortung los, aber auch unsere Handlungsfreiheit.

Vor allem wären wir dann wertlos für Gott als »Anderer Geist« und die Schöpfung sinnlos.

Somit kann Gott kein Leid und keine Katastrophen verhindern.

Aber er wird womöglich unerkannt Situationen herbeiführen, in denen Menschen die Freiheit haben, einen Ausweg selbst wählen zu können.

»Wo ein Wille ist, ist ein Weg.«

Gott hilft im Verborgenen, was man Vorsehung nennt.

Eine weitere, sich selbst stellende, bohrende Frage ist, ob alles Denken über Gottes Existenz nur ein Konstrukt des menschlichen Verlangens nach einem ewigen Leben sein könnte, um damit einem Dasein jenseits des Todes einen endgültigen Sinn zu verleihen.

Denken wir Gott als unsere Erfindung, ist dieser Gedanke allerdings selbst eine Erfindung.

Fantasievolle Projektionen als Religionsersatz wären ohne Basis für einen tieferen Sinn und damit nicht glaubenswürdig.

Verkopftes Wissen allein führt nicht zum Ziel, jedoch ist Wissen eine Basis für den Glauben.

Gottesglaube ist nur möglich, wenn ein Sinn in Gottes Verhalten erkennbar ist.

Sinnsuche ist Gottsuche, die den Glauben an Gott braucht.

Der Verzicht auf die Gottesperspektive breitet sich in unserer säkularen Zeit mehr und mehr aus.

Auch wenn die christlichen Kirchen z. B. nur noch einige wenige Gläubige als Mitglieder hätten, wäre dadurch das Christentum nicht widerlegt.

Glaube vertraut auf den Sinn des Seins, auf Gott.

Wenn der Gläubige mit Vernunft keinen Ausweg mehr sieht, wendet er sich an Gott.

Menschen ohne Glauben kapitulieren, wenn man nicht mehr wissen, nur noch glauben kann.

Nicht zu glauben wenn die Vernunft nicht weiter weiß, nichts mehr einen Sinn ergibt, ist das Ende aller Möglichkeiten des Denkens. Für Nietzsche war der Unglauben eine Katastrophe.

Sind Gottes Eigenschaften nach menschlichem Maßstab von Menschen erdacht, müsste Gott auch nach diesen »Gesetzen« funktionieren. Man kann sich Gott nicht wirklich bildlich vorstellen, vielleicht aber als »Übermacht«, gepaart mit absoluter Güte und Liebe denken.

Respektiert Gott die Freiheit und Autonomie des Menschen, sind das Böse und das Leid in der Welt nicht ausgeschlossen.

Der Sinn der Bewährung im Leid könnte bedeuten, einem ewigen glücklichen Leben näher zu kommen.

Mit Vernunft kann man nicht wissen, ob die Annahme ewigen Lebens durch Leid möglich ist.

Wer den absoluten Tiefpunkt des Leidens kennt, wird anderen nicht dasselbe antun. Wer die Abgründe des Leids erlebt hat, wird es möglichst verhindern wollen.

Auch der Erfolgreiche kann verzweifeln bis zum Selbstmord, wenn er keinen wirklichen Sinn mehr sieht.

Ist dagegen ein Verlierer am Leben gescheitert, erkennt aber noch irgendeinen Sinn, kann er wieder Hoffnung schöpfen.

Sollte das Leid nicht unabänderlich sein, darf man es nicht einfach auf sich nehmen, vielmehr muss die Ursache bekämpft werden. Mit dem optimistischen Glauben an einen Erfolg die Initiative zu ergreifen und einem Ziel vor Augen, eröffnen sich Möglichkeiten, einen neuen Sinn zu finden.

Hat Gott die Entstehung des »Seins« gewollt, sollte ihm am Fortbestand seiner Schöpfung gelegen sein.

Historisch belegte Fakten lassen den Schluss zu, dass Gott direkt

Einfluss genommen hat, worauf auch die Gemeinsamkeiten der Weltreligionen hindeuten.

Trotz unübersehbarer Indizien für einen »Großen Geist« kennt man keinen Gottesbeweis. Also gibt es entweder keinen Gott, oder er will sich nicht zu erkennen geben.

Auch ohne Gottesbeweis gehen wir von der Existenz Gottes aus. Dann nehmen wir aufgrund von Hinweisen aus Religion, Kultur, Philosophie und der Astrophysik an, dass das Universum, die Erde und das Leben erschaffen wurden.

Wenn Gott ständig allgegenwärtig ist und indirekt immer noch in seine unvollendete Schöpfung eingreift, muss er uns haushoch überlegen sein, da wir ihn nicht beobachten können.

Kirkegaard zu »Gottesbeweisen«:

»Jemandes Dasein zu beweisen, der ja existiert, ist der Versuch, ihn lächerlich zu machen. Hat man sich erlaubt, ihn zu ignorieren, muss man für ihn Beweise konstruieren – und das in seiner Gegenwart.

Gott, wie auch der Mensch als Person, sind ein Geheimnis, und von beiden zu sagen: ›Du bist ein offenes Buch für mich‹, ist eine absolute Respektlosigkeit.

Einen personalen Gott kann man sich nicht ausdenken oder sich über ihn informieren wie über eine Sache. Gott muss man vertrauen, an ihn glauben – dafür genügt kein Wissen allein.«

Glaube ist bereits, wenn sich der Mensch Gott öffnet. Der gläubige Mensch vertraut auf Gott. Der Glaube ist unsinnig oder todernst.

Dabei geht es um ewiges Leben oder den endgültigen Tod.

Ist die Bibel von Gott inspiriert, gilt ihre sinngemäße Botschaft zu allen Zeiten. In der Vergangenheit, jetzt und in Zukunft.

Die darin enthaltenen Gedanken sind in der jeweiligen Epoche verständlich. Vergangenes und Zukünftiges kann sich unserem Verständnis entziehen.

Unmissverständlich steht jedoch in der Genesis, dass Gott die Welt erschuf und das Dasein des Menschen darin einen Sinn hat.

Ihre Meinungsfreiheit erlaubt Ihnen, dass Sie sich dagegen entscheiden können, an Gott zu glauben.

Ihre gesunde Neugierde veranlasst Sie aber evtl. dazu, sich für die Gedankenwelt von Menschen zu interessieren, die in unterschiedlicher Weise gottgläubig sind.

Thomas von Aquin versucht, den Glauben durch »Gottesbeweise« verständlicher zu machen:

- *Kausalität muss in der Vergangenheit einen ersten unbewegten Beweger, Gott, haben.*
- *Auch Wirkungen (nicht Bewegungen) hatten eine kausal wirkende Ursache, die selbst nicht bewirkt wurde: Gott.*
- *Von nichts kann nichts werden. Nur durch ein Etwas kann Wirklichkeit werden. Das Etwas muss eine Ursache haben. Die Ursachen können nicht bis unendlich abfolgen. Man muss eine erste notwendige Ursache annehmen, die wir Gott nennen.*
- *Es gibt etwas »mehr oder minder« Gutes, Wahres, Edles. Etwas, das höchst gut, wahr, edel – das höchst seiend ist. Ohne dieses Höchste, Gott, gäbe es keine Abstufungen als Ursache des Seins, der Güte, der Vollkommenheit.*
- *Dinge, wie tote Materie, sind irgendwie zielgerichtet. Sie werden von einem erkennenden, einsehenden Wesen geleitet. Und das ist Gott.*

Heidegger: »*Gott garantiert den Sinn des Alls, des Lebens, des Menschen und der Moral.*

Aber kann man wirklich an ihn glauben, an das Sanfte, an das Gute?«

Oosterhuis[3]

Ich steh vor dir mit leeren Händen, Herr,
fremd wie dein Name sind mir deine Wege.
Seit Menschen leben, rufen sie nach Gott,
mein Los ist Tod, hast du nicht anderen Segen?
Bist du der Gott, der Zukunft mir verheißt?
Ich möchte glauben, komm mir doch entgegen.
Von Zweifeln ist mein Leben übermannt,

mein Unvermögen hält mich ganz gefangen.

Hast du mit Namen mich in deine Hand,
in dein Erbarmen fest mich eingeschrieben?
Nimmst du mich auf in dein gelobtes Land?
Werd' ich dich noch mit eigenen Augen sehen?

Sprich du das Wort, das tröstet und befreit
und das mich führt in deinen großen Frieden.
Schließ auf das Land, das keine Grenzen kennt,
und lass mich unter deinen Kindern leben.

Sei du mein täglich Brot, so wahr du lebst,
du bist mein Atem, wenn ich zu dir bete.

3 (übersetzt von L. Zenetti)

15 Meinungen

Hier finden Sie eine Sammlung von Meinungen und Gedanken-Bildern, die Sie nachdenklich machen könnten.

Im Computerzeitalter gelten die Vorfahren weniger als zuvor Jahrtausende lang, da Erfahrungen der Ahnen an die Jugend weitergegeben wurden.

Heute ist es umgekehrt, »Jung hilft Alt« mit dem Computer oder dem Smartphone umzugehen.

Das Image der Älteren ist Unwissenheit und durch den demografischen Faktor gelten sie als Belastung.

Ein Ahnenkult, wie auch die Religion der ältere Menschen anhängen, ist out.

Allerdings muss mancher der jüngeren Generation in einigen ethischen Bereichen das Rad neu erfinden.

Glaubwürdig sind Ältere allenfalls noch als allgemein anerkannte Prominente.

Bekannte und berühmte Wissenschaftler und Philosophen geben unabhängig von einem herrschenden Trend einen Einblick in ihre tieferen Gedanken:

Paul Davies: »*Der wahrhaft Gläubige muss zu seinem Glauben stehen, welcher Beweis auch immer dagegen spricht.*

Allerdings ist es eine Tatsache, dass die Naturwissenschaft die Nichtexistenz Gottes nicht beweisen kann.«

Quantenphysiker Dürr: »*Der Kosmos ist zuerst einmal etwas Geistiges. Der innere Zustand eines Menschen ist (mathematisch) nicht messbar.*«

Fred Hoyle: »*Es ist kurios, dass die meisten Naturwissenschaftler zwar behaupten, sie hätten mit der Religion nichts im Sinn, diese ihr Denken aber mehr beherrscht als das eines Geistlichen.*«

S. Hawking: »*Es ist schwierig über den Beginn des Universums zu diskutieren, ohne den Gottesbegriff hinzuzuziehen.*«

Polkinghorne: »*Weder das Gebet noch die Blasphemie taugen als magisches Mittel, um Gott zur Demonstration seiner Existenz zu zwingen.*
Leid kann Stärkung von Psyche und geistige Erweiterung, Sinnfindung in Gott sein.
Schuld kann nur Gott in der Kenose ungeschehen machen. Innerer Frieden, Hoffnung, Erwartung ewigen Lebens geben Mut und Kraft.«
Was uns nicht brechen kann, macht uns stärker.

Meister Ekkhart: »*Das schnellste Ross, das euch zur Vollkommenheit trägt, ist Leiden.*«

Penrose: »*Es gibt winzige Röhrchen im Gehirn, in denen quantenmechanische Vorgänge ablaufen. Quantenzustände mit gespeicherten Informationen, die nach dem Tod (auch der Röhrchen) im Universum weiter existieren.*«

Newton: »*Was wir wissen, ist nur ein Tropfen.*
Was wir nicht wissen, ist so groß wie der Ozean.
Die Einrichtung und Harmonie des Universums kann nur nach dem Plan eines allwissenden und allmächtigen Wesens entstanden sein.«

Kurt Gödel: »*Die Existenz eines Wesens, das alle positiven Eigenschaften in sich vereint, kann man logisch begründen. Die Argumentationskette ist nach einer Computerüberprüfung absolut richtig.*«

J. P. Satre: »*Nicht jeder ist Atheist, der es sein will.*
Es ist vielleicht schwer zu glauben – aber es ist bei allen Konsequenzen noch schwerer, nicht zu glauben.«

B. Pippard: »*Naturwissenschaftler verfügen in einem engen Bereich über große Sicherheit und neigen dazu, religiöse Erfahrungen als Täuschung abzulehnen. Doch es gibt integre Menschen mit einer großen Glaubensgewissheit, die nicht vermittelbar ist.*

Vielleicht ist anderen die Gnade des Glaubens nicht zuteil, so wie jemandem das »Absolute Gehör« fehlt.«

Mathäus-Evangelium: *»Klopft an und es wird euch aufgetan. Grenzenloses Vertrauen, wie Kinder es ihren Eltern entgegenbringen, ein Gefühl voll Zärtlichkeit, ist die Voraussetzung für wirkliches Glück.«*

Wernher von Braun: »Nichts verschwindet spurlos. Die Natur kennt keine Verschwendung, nur Verwandlung, auch über den Tod hinaus.«

Heidegger: *»Das Leben ist das Sein zum Tode. Der Glaube an Gott ist das Sein zum ewigen Leben.«*

Max Horksheimer: *»Warum soll ich gut sein, wenn es keinen Gott gibt? Die Konsequenz wäre ein Polizeistaat, der die Menschen zwingt, einander nichts Böses anzutun.«*

Karl Jaspers: *»Es ist, als ob die Gottheit das Höchste, das ›An-sich-selbstsein‹ der Freiheit schaffen wollte, sich jedoch selbst verbergen musste. Denn würde uns hier Wissen zuteil, so würde unsere Freiheit gelähmt. Ein zum Glauben an Gott zwingendes Wunder würde jede menschliche Freiheit auslöschen. Nicht die Logik zwingt zum Glauben an Gott, nicht die Moral und nicht eine kirchliche Macht. Die Antwort auf das Fragen der Menschen kann nur ein Gott sein, der den Menschen in seiner Freiheit respektiert.*

Der Mensch kann sich ihm öffnen oder nicht, ihm vertrauen oder nicht, ihn bezweifeln oder ihm glauben.«

Wolfgang Pauli: *»Vollständige Physik berücksichtigt das Subjektive (das Geistige) im Objektiven (das Kosmische).*

Die »psychophysische« Frage diskutiert die Realität der physikalischen Dimension wie auch Psyche, Bewusstsein und Geist.«

Ilya Prigogine, Nobelpreisträger: *»Wenn die grundlegenden Gesetze der Natur durch die Schaffung von Neuem charakterisiert sind, dann ist der Mensch das vom Schöpfer angepeilte Geschöpf.«*

Joseph Ratzinger: »*Für den, der als Geist das Weltall trägt, ist ein Mensch, der zu lieben vermag, größer als alle Milchstraßensysteme.*«

Kant: »*Durch Vernunft kommt man zu dem Schluss, dass man ein moralisches Wesen annimmt, welches das Universum geschaffen hat und Glück und Tugend bewahrt.*

Die Idee Gottes ist zwar nicht überprüfbar, aber gerechtfertigt, weil die Resultate des Glaubens an die moralische Vernunft Gottes dafür sprechen.«

Philosoph Popper: »*Liebe heißt zu sagen: Gut, dass es dich gibt – und, du sollst nicht sterben.*

Der Christ ist sich gewiss, dass Gottes kraftvolle Liebe über alle Zeit hinausreicht, wenn er selbst uneigennützig liebt. Die tätige Liebe ist entscheidend und nicht das Wissen über Gott.«

Sören Kirkegaard: »*Ich besitze eine Freude, die hoch über aller Sorge ist. Wenn mich die Erde verschlingen würde, so sehe ich doch den Himmel offen, mich zu empfangen.*

Viele Menschen wählen in ihrer Eitelkeit bloß die irdische Freude, statt der christlichen Freude, bis diese aus ihrem geistigen Horizont verschwunden ist.

Der Sünder entzieht sich – solange er vermag – der Begegnung mit dem Licht, bis er Gott braucht.

Nur Menschen, die trotz eines bitteren Schicksals daran festhalten können, dass Gott Liebe ist, sind reif für die Ewigkeit.

Der Eine bedenkt, dass er von Gott geliebt wird, dem Anderen vergehen die Jahre, und er denkt nicht daran, dass er geliebt wird.«

Der Philosoph Hans Jonas denkt, Materie sei »schlafender Geist«, der irgendwann erwacht ist.

Aber wer oder was hat dies alles für die Planung des Universums entschieden, bevor es Materie gab?

Einstein: »*Wissenschaft ohne Religion ist lahm, Religion ohne Wissenschaft ist blind.*«

Ladislaus Boros: *»Die Seinskonstitution des »träumenden Menschen« mit seiner Sehnsucht und Hoffnung, trifft auf das Christentum mit der Erwartung ewigen Lebens und Christus als letzten Sinn des Kosmos.«*

Ludwig Wittgenstein: *»Der Sinn der Welt muss außerhalb ihrer liegen. Der sterbliche Mensch richtet sein Hoffen auf einen letzten Sinn und Unsterblichkeit.«*

Max Plank: *»Auch für die Physik gilt, dass man nicht selig wird ohne Glauben, zumindest den Glauben an die Realität außer uns.«*

Robert Spaemann auf die Frage:
»Wo war Gott in Auschwitz?«
»Am Kreuz, der mit den Menschen leidende Gott.«

J. H. Newman: *»Das Licht in der Dunkelheit ist der Sinn in der Sinnlosigkeit. Ohne Gottvertrauen und Glauben an Gott ist die rein intellektuelle Suche nach dem letzten Sinn vergeblich.«*

Newman lässt sich von dem »milden Licht in der Dunkelheit« führen, während er früher seinen Weg selbst suchte und intellektuell bestimmen wollte. Er fühlt sich in Gott geborgen.

Kirkegaard: *»Es ist respektlos, eine Person auf einen Begriff zu reduzieren. So ist die Vielzahl der Evangelien kein Lehrbuch. Vielmehr berichten sie aus unterschiedlichen Perspektiven von derselben Person. Für eine Person gibt es keine Gebrauchsanweisung, sie wird in Geschichten beschrieben, wie sie die Juden über Jahrtausende gesammelt haben.«*

Karl Jaspers: *»Schuld gehört grundsätzlich zur Existenz des Menschen. Es hilft nichts, Schuld wegzuleugnen und zu verdrängen. Schuld muss man auch Schuld nennen.*
Wirkliche Schuld ist nicht wieder gutzumachen.
Nur Gott kann Schuld vergeben.«

Thomas Mann: *Urzeugung.*
»Erstens entspringt das Sein aus dem Nichts.

Zweitens entsteht das Leben aus dem Sein.

Drittens kommt es zur Geburt des Menschen.«

Mann:

»Nicht nur das Leben ist vorübergehend, das Sein selbst ist zwischen Nichts und Nichts.

Das Sein hatte einen Anfang und es wird ein Ende haben, mit ihm Raum und Zeit.

Raum ist nur die Beziehung materieller Dinge untereinander. Ohne Materie gibt es weder Raum noch Zeit.

Zeit ist lediglich die Ordnung von Ereignissen im Raum, von Ursache und Wirkung.«

Der Allmächtige hat das Universum mit 10 Trilliarden (10^{22}) glutheißen Sternen entstehen lassen, von denen manche 100- bis 1000 Mal die Masse unserer Sonne besitzen.

Diese brennenden Monster haben jedoch nichts der noch größeren Gewalt Scharzer Löcher entgegenzusetzen.

Und doch ist das Machtpotenzial Gottes so groß, dass er das ganze Universum mit einem Gedanken vernichten könnte.

Die direkte Berührung mit der Machtfülle Gottes wäre für jedes Lebewesen tödlich. Deshalb haben, nach christlicher Anschauung die Zweite Person, Jesus, und die Dritte Person, göttlicher Geist, ihre Allmacht abgegeben, um einen innigen Kontakt mit den Menschen herzustellen.

Gottes Geist durchdringt alles Sein, jeden Menschen.

16 Wohin? Der tiefere Sinn

Wenn nicht alles zufällig aus dem Nichts entstanden ist, dann gibt es eine Schöpfung der Welt.

Sollten Sie sich meiner Meinung anschließen, dass es diese Höhere Macht gibt, wollen wir den Versuch unternehmen, uns aufgrund der bisherigen Spurensammlung darüber Gedanken zu machen.

In unseren weiteren Gedankenbildern gehen wir bei diesem allmächtigen Geist von einem personalen Gott aus. Um uns nicht in haltlosen Spekulationen zu verlieren, folgen wir zwar dem christlichen Leitfaden. Jedoch versuchen wir eine Schöpfung religionsübergreifend zu denken, damit Sie von einem eigenen Gottesbild ausgehen können.

Allein auf der Grundlage der Spuren im Universum (Indizien) könnte man eine schlüssige Hypothese aufstellen.

Auch ohne die Bibel einzubeziehen kommt man mit Logik zu dem Ergebnis, dass nur ein übermächtiger Geist, der über absolutes Wissen verfügt, das Universum erschaffen haben kann. Denn diese Höhere Macht wollte, dass aus Materie geistig begabte, ihr ähnliche Wesen hervorgehen, mit denen sie kommunizieren kann. Ein Schöpfer als emotionale Person möchte die freie Zuwendung dieser Wesen.

Mit der limitierten Kapazität unseres menschlichen Verstandes verstehen wir nur Teilbereiche unserer Umwelt, geschweige denn Gott.

So schwer es ist, über Gott die richtigen Worte zu finden, noch schwerer ist es, ihn zu ignorieren.

Leute, die bereit waren, über die Gottesfrage zu sprechen, haben sich erstaunlich intensiv damit befasst und zu diesem Thema eine ganze Menge beigetragen.

Welchen Sinn hat es, dass das Universum von Gott erdacht und erschaffen worden ist?

Einzig die Entstehung von Leben kann der Zweck der Schöpfung sein, Wesen die fähig sind, abstrakt denken zu können.

Lebewesen die durch die Gesetze der Evolution geworden und in einer primitiven Form als »Anderer Geist« dem Geist Gottes ähnlich sind.

Mit dem Potenzial, von Gott auf ein höheres geistiges Niveau gehoben zu werden.

Thomas von Aquin: »*Wir können wissen, dass Gott ist, aber nicht, was Gott ist.*

Bei Jakob Böhme, einem christlichen Mystiker, finden Sie, wie er Gott gedacht hat ohne einen »Alten Mann« oder ein Götzenbild zu bemühen.

Nach J. Böhme:

Der »Ungrund« ist das ewige Nichts, eine dimensionslose Leere, das »ganz Andere«, die Finsternis, der Schreckensabgrund.

Der Ungrund ist »Geist« – unbegrenzt, unergründlich, ohne Raum und Zeit.

»Geist« ist keine Person, emotionslos, passiv, in sich ruhend, mit dem Potenzial alles zu wissen und alles tun zu können.

Die Finsternis als »erstes Prinzip« will ein Etwas.

Das »zweite Prinzip« ist der »Urgrund« des Lichts eines relativen Universums – der Ausgangspunkt allen Seins.

Die allmächtige, allschaffende Kraft des »Göttlichen Geistes« ist das dritte Prinzip.

Der unendliche Geist wünscht ein Gegenüber, das ihm gleich ist und das er liebt, als wäre es er selbst.

Dieser Wille des Ungrunds ist der Keim aus Gottes »Unbewusstem« zum »Selbstbewussten«.

Der Ungrund will Person sein – durch die zweite und die dritte Person. Der dritte Geist ist der aktive Mittler untereinander.

Drei Personen, in einem Geist miteinander verwoben.

Der Ungeist wird Urgeist und hat sich verdreifacht.

Jeder Geistbereich leistet zur göttlichen Gemeinschaft seinen Beitrag.
Das »Ich« wird zur Person, da ihm ein »Du« gegenübersteht.
Wobei sich die Zweite Person, in der Ersten Person befindet, wie auch die Dritte Person.

Der Urgeist ist als dreieinige Person emotional geworden. Dies bedeutet die absolute göttliche Liebe, die jede menschliche Liebesfähigkeit übersteigt.
Im Du der Trinität wird Gott zur Person, der in der Form des menschlichen Geistes weitere Personen gegenüberstehen.
Anmerkung: Analog könnte man den Menschen »dreifach« sehen, bestehend aus Kopf, Rumpf und Gliedmaßen, die jeweils eigene Aufgaben erfüllen. Koordiniert zu einer Person.

Der allumfassende Geist ist nicht Energie bzw. Materie.
Er will, dass im Vakuum Energie wird, die zur Materie gerinnt. Gott ließ das Universum entstehen.
Das gesamte Sein ist in ihm mit einem Anfang und einem Ende.
Materielles Leben wurde zu geistigen Leistungen fähig mit dem Potenzial, außerhalb des endlichen Universums bei Gott ewig zu leben.

Ein Gedankenbild, das sich aufdrängt:
Archäologische Funde zeigen, dass im Neandertal, wie auch in Israel vor etwa 150 000 Jahren erstmals die Verstorbenen mit Grabbeigaben bestattet wurden.

Gott könnte in einem Evolutionssprung – »Es werde« – den menschlichen Geist erschaffen haben, mit dem Potenzial zum abstrakten Denken und einer Seele.
In einer Tier/Mensch Übergangsphase, dem göttlichen Geist noch unähnlich und fremd.

Paulus leidet darunter, ein sündiger Mensch zu sein.
»Ich verabscheue das Böse, tue es aber dennoch. Der Mensch ist von Natur aus nicht gut. Wir brauchen die Hilfe Gottes, damit wir uns von der Sünde und der Vergänglichkeit befreien können.«

Die Sünde (die Fremdheit) bestimmt über den Menschen durch seine animalische Aggressivität, seine Triebe, seine Begierden.

Noch ist bei aller Freiheit und Selbstverantwortung des Menschen seine Entwicklung nicht weit genug fortgeschritten, um selbst die Sünde zu beherrschen.

Kant: »*Was kann der Mensch wissen, was kann er tun, worauf darf er hoffen – was ist der Mensch? Der Mensch muss seine Umwelt gestalten. Das schafft er nicht allein. Der Mensch ist ein Herdentier. Er braucht die Beziehung, den Dialog mit anderen. Das Ich braucht ein Gegenüber, das Du, zur Entwicklung seiner selbst und zur gemeinsamen Bewältigung von Aufgaben und Problemen.*«

Gott schuf den freien Menschen, der für und gegen Gott ist – gut und böse, friedlich und aggressiv.

Dennoch liebt Gott seine aufwendige Schöpfung, auch er will nicht allein sein. Was wäre ein »König ohne Volk«, das ihm nicht freiwillig folgt?

Es gibt keine absolute Sicherheit, die Wirklichkeit zu erkennen. Weder das gesamte Universum, noch den Schöpfer-Gott, nicht einmal die komplexe Ansammlung von Verstand, Psyche und das Böse der Menschen.

Wir haben uns selbst ausgedacht, wie wir Gott sehen wollen. Nach menschlichem Maßstab für höchste Gerechtigkeit, Liebe, Integrität usw.

Ob Gott vielleicht ganz anders ist und denkt, können wir nicht wissen.

Jes. 55.8 »*Meine Gedanken sind nicht eure Gedanken.*«

»*Ich bin, der ich bin*«.

Die Existenz Gottes hat keine Ursache.

Der Mensch kann nur ein bestimmtes Maß an Realität verkraften.

Der »göttliche Funke« zeigt sich in der Evolution, dass wir nur entdecken können, was unser Verstand aufgrund unseres Entwicklungsstandes erträgt.

Wie sollten wir dann die Gottheit verstehen, die für uns unbekannte, verborgene Bereiche unserer Wirklichkeit erdacht hat?

Im Lauf der Zeit wird die Menschheit vielleicht physikalische Gesetze höherer Ordnung finden und immer mehr ihrer Umwelt erkennen.

Aber auch dann werden wir nicht nachvollziehen können, was Gott außerhalb unseres Kosmos gedacht hat.

Paulus sagt: *»Jetzt schauen wir in einen Spiegel und sehen nur rätselhafte Umrisse, dann aber schauen wir von Angesicht zu Angesicht. Jetzt erkenne ich unvollkommen, dann aber werde ich durch und durch erkennen.«*

Wird jeder von uns am eschatologischen Ende alles erkennen?

Vielleicht kommt es irgendwann dazu, dass menschlicher Geist soweit entwickelt ist, sein Potenzial an Energie anstatt in Aggressionen für den kooperativen Fortschritt der Menschheit umzuwandeln.

Es braucht Kooperation anstatt Konfrontation, wenn der Mensch die Erde verlässt, um das Universum zu besiedeln.

Wird die Menschheit reifer durch permanenten Leidensdruck? Wachsende Intelligenz hat das Potenzial zur Weiterentwicklung von Kultur, Religion, humanitären Werten, Spiritualität und Bewusstseinserweiterung.

Kommt es durch Kommunikationstechnik und Künstliche Intelligenz zur Verdummung und wachsender Aggressivität mancher Menschengruppen?

Materialismus ist der Glaube an »unbeseelte« Dinge, an technischen Fortschritt, an die Entstehung des Universums lediglich aus Materie.

Auch wenn es das Universum nicht gäbe, wäre Gott genauso da. Er kennt gleichzeitig in allen Einzelheiten jeden Status von Energie, Materie, Leben und alles Leid, das die Menschheit, Völker und jeden Menschen betrifft.

Nur Gott kann mitempfinden und ertragen, was an Leid auf der Erde war, ist und sein wird.

Gott hat seine eigenen Regeln.

Uns hat er die schwere Last der Verantwortung für unsere Freiheit auferlegt.

Nicht er erlaubt und verbietet uns etwas – das tun wir selbst. Gott versucht, uns unerkannt anzuleiten.

Die althergebrachten Vorstellungen, dass Gott dafür da ist, unsere Wünsche und Bedürfnisse zu erfüllen, sind nicht weit vom Götzendienst entfernt. Menschen haben ein goldenes Kalb oder die Sonne als launischen Gott angebetet.

Entweder wurde geliefert, was man brauchte, oder ein Gott, der am Unglück schuld war, musste als Sündenbock herhalten.

Viele Zeitgenossen sehen Gott heute noch als einen Manager mit weißem Bart, dem man anlastet, wenn er unsere Aufgaben nicht übernimmt.

Um den freien menschlichen Geist zuzulassen, kann Gott nur in einer Weise eingreifen, dass der Mensch die Verantwortung und Entscheidungsfreiheit für sein Handeln behält.

Das Gewissen des Menschen und die Vorsehung könnten Leitlinien sein. Das Gewissen leitet den Menschen, ist aber nicht die letzte Instanz.

Letzte Instanz bleibt ein personaler Geist – Gott.

Gottes Geist lebt unter den Menschen und nimmt durch manche Menschen Einfluss auf weltliche Ereignisse. Schaden wir anderen Menschen, so schaden wir Gott. Sind Menschen Kanäle für Gottes Einfluss, sind sie Werkzeuge Gottes.

Ob er den Hinweisen folgt, kann der Mensch frei entscheiden.

»Im Leben gibt es viele verpasste Gelegenheiten.«

Hier stelle ich Überlegungen und Fragen in den Raum, von denen Sie sich herausgreifen können, was Ihnen des Nachdenkens wert erscheint.

Dass Menschen über Gott keine verbindlichen und unwiderlegbaren Aussagen machen können, liegt in der Natur der mit dem menschlichen Verstand unfassbaren höheren Macht.

Priorität hat das oberste Ziel, dass durch vorgegebene Rahmenbedingungen ein eigenständiger, freier, individueller Geist entsteht, der nicht ein Teil des Ur-Geistes (Gott) ist.

Wir sind als »rudimentärer Geist« Gott ansatzweise ähnlich, aber eben nicht gleich und sicher nicht ideal in einer Welt, die noch im Werden ist.

Vielleicht einmal als »Juniorpartner« nach unserem materiellen Tod.

Wir sind geschaffen auf einer determinierten Basis und können doch chaotisch-freie, selbstverantwortliche Entscheidungen treffen, auch negative, ja bösartige.

Jeder Mensch ist von Gott gewollt und akzeptiert mit seinen Stärken und Schwächen und der Freiheit, sich individuell zu entwickeln.

Es wäre denkbar, dass Gott auf für ihn unerwartete Aktivitäten reagiert, die in der Entscheidungsfreiheit des einzelnen Menschen begründet sind.

Nur wenn der Mensch Gedanken haben kann, an denen sich der Allwissende nicht beteiligt, gäbe es vielleicht Situationen, die auch für Gott nicht vorhersehbar sind.

Darin zeigt sich das Vertrauen Gottes in die Freiheit menschlicher Entscheidungen.

Kommt ein gedanklicher Kontakt zu Gott nur zustande, wenn die Initiative vom Menschen ausgeht?

Gott agiert und reagiert immer wieder auf den Verlauf seiner Schöpfung durch die Vorsehung, die Wahlmöglichkeiten, die dem Menschen zur Verfügung stehen.

Vielleicht greift Gott bei Unterzielen und Teilzielen ein, um der Entscheidung des Menschen eine Richtung zu geben.

Wenn damit das eschatologische Ziel des ewigen geistigen Lebens, der freie Wille und die Selbstverantwortung des Menschen nicht beeinträchtigt werden.

Manche Gedanken über Gott sind Vorstellungen, die sich als Hirngespinste selbst entlarven.

So bestraft er freie, selbstverantwortliche Menschen nicht mit Krankheit und Unglück für ihre Entscheidungen.

Damit lässt sich die Verantwortung nicht mehr auf Gott oder Dämonen abschieben.

In den meisten Fällen ist der Mensch selbst verantwortlich, oder es gibt plausible Erklärungen dafür.

Wir müssen es selbst tun und sollten nicht versuchen, Gott als Hilfskraft für unsere Aufgaben einzuspannen. Wenn wir etwa die Kindererziehung nicht hinkriegen oder der Fußballer ein Tor schießen möge (was den Gegner unglücklich macht).

Aufgrund von Wissen, Intuition und Glauben müssen wir Entscheidungen treffen, die wir mit unserem Gewissen vereinbaren können.

Einerseits ist uns zur Orientierung vorsorglich ein Gewissen gegeben, um den rechten Weg zu finden.

Andererseits leitet uns das soziale Verhalten, das sich aus Gemeinschaft und Kultur entwickelt.

»Gott hat die Erde den Menschen gegeben.«

In manchen Diskussionen werden Gedanken über Gott ohne belastbare Voraussetzungen zerredet.

Man kann alle bisherigen Vorstellungen beiseiteschieben und den Schöpfer-Gott einfach als präsent anerkennen.

Wie auch immer man ihn nennt und welches Gottesbild man hat. Gott ist – »ich bin der ich bin«.

Eine Zuwendung zu Gott, mit dem numinosen Empfinden von etwas Besonderem, lässt Gottes Nähe als ein intensives, berührendes

Gefühl spüren, wie das Erlebnis totaler innerer Ruhe. Alles Sein, jeder Mensch ist von Gottes Geist durchdrungen und schwebt in einem »Meer aus Geist«.

Was halten Sie von der folgenden Überlegung:

Ist alles im Universum, alle Materie, vom Geist des Schöpfers durchdrungen, gilt das ebenso für den Menschen.

Nicht aber für den freien menschlichen Geist.

Als ein Produkt des materiellen Gehirns »sind die Gedanken frei«.

Die gewollte Freiheit menschlichen Geistes veranlasst Gott, den direkten Zugriff auf unsere Gedanken zu vermeiden.

Der Mensch kann böse Gedanken hegen, was Gottes Teilnahme und Verantwortung daran ausschließt.

Können Sie sich vorstellen, dass ein Mensch ein Verbrechen plant, begeht und Gott ihn dabei begleitet?

Da er immerwährend bei und in uns ist, bleibt ihm jedoch nicht verborgen, was wir tun. Auch wenn er unsere Gedanken unbesehen zugelassen hat.

Sind die Gedanken in der Seele gespeichert, werden sie für Gott offenbar, wenn er es will.

Gottes Geist ist allgegenwärtig und bereit, auf alle Menschen gleichzeitig zu reagieren – und ist doch jedem Einzelnen individuell verbunden.

Die gesamte Gottheit, mit aller Allmacht und Allwissenheit ist jederzeit bei jedem Menschen, den sie liebt und mit dem sie Glück und Leid teilt.

Dass Gott den Menschen nicht permanent im Fokus hat, könnte bedeuten: Gott wendet sich dem Menschen zu, wenn dieser sich öffnet, damit Gott an seinen Gedanken teilnimmt.

Warum sollte Gott Kontakt herstellen wollen, wenn der Mensch anderweitig befasst ist oder sich bewusst abschottet?

Gott ist immer für den Menschen offen, während sich der menschliche »kleine« Geist nicht unablässig auf Gott konzentrieren kann.

Schon weil er mit sich und seiner Umwelt voll beschäftigt ist.

So sucht Gott den Kontakt zu »seinem« Menschen, jedoch hat der Mensch die Freiheit, sich Gott zuzuwenden oder nicht.

Dem Menschen ist nichts und niemand näher als der Geist Gottes, in dem er lebt, der ihn durchdringt.

Wenn es notwendig ist, könnte Gott durch die Vorsehung eingreifen, welche dem Menschen die Gelegenheit der freien Wahl eröffnet, um sich selbstverantwortlich zu entscheiden.

Wendet sich der Mensch aktiv an den verborgenen Gott, entsteht eine Nähe, eine Verbindung zu Gott.

Vielleicht kommt durch eine intuitiv echte Zuneigung ein Gefühl zum Schwingen und wir erwarten »Gottes Berührung«.

Gott, dem wir unsere Existenz verdanken, ist unser ganzes Leben, ist jetzt schon bei uns, er kennt jeden Menschen besser, als dieser sich selbst.

Wir stehen nicht erst nach dem Tod vor ihm.

Können wir hier und jetzt mit gutem Gewissen sagen, dass wir unseres geschenkten Daseins würdig sind?

Ein Mensch, der sich Gott zuwendet, hat damit bereits die Existenz Gottes akzeptiert und sich dafür entschieden, an Gott zu glauben.

Haben Sie Ihr eigenes Gottesbild, um ihm nahe zu sein?

Eine Vorstellung von Gott ist nur eine Denkhilfe für den Unfassbaren, der will, dass man an ihn glaubt und danach lebt.

Über etwas nachzudenken, ist wie ein Selbstgespräch.

Beziehen wir Gott mit ein, werden unsere Gedanken zum Zwiegespräch, mit einem Begriff, einem Satz, mit einem Gedanken.

Nach Tersteegen (Mystiker):

Gottes Geist, der uns durchdringt, der alles füllt,
Geist, in dem wir schweben,

aller Dinge Grund und Leben.
Herr, lass Dein Licht fallen auf mein Gesicht.
Wie die Blumen willig sich entfalten
und der Sonne stille halten,
will ich Deine Strahlen fassen und Dich wirken lassen.

Loslassen – durch Wissen, Glauben, Vertrauen.

Sich mit einem Anliegen direkt an den Schöpfer-Geist zu wenden, mit diesem Höheren Wesen zu sprechen, wäre aktive Kommunikation. Um gemeinsam ein Problem zu überdenken »laden Sie Gott ein« und stellen die Frage nach einer Lösung in den Raum.

Er sieht es auch mit Ihren Augen.

Intuitiv haben Sie manchmal eine »zündende Idee«. Mitunter sind es verblüffende neue Gedanken, wobei Sie nicht wissen, wie Sie darauf gekommen sind.

Nun könnte man sagen, Intuition und Konzentration haben zu dieser Erkenntnis geführt.

War Gott von Ihnen bewusst in diese Gedankengänge mit einbezogen, wäre es denkbar, dass Gott an einer neuen Idee beteiligt war.

Da das nicht sicher und schon gar nicht beweisbar ist, wird er sich freuen, im Verborgenen gewirkt zu haben.

Sind Menschen in einer verzweifelten Lage, ist es kein Selbstgespräch mehr, wenn sie sich um Hilfe an Gott wenden.

Gott könnte sich vielleicht der menschlichen Intuition bedienen, um einen Gedanken zu vermitteln.

Vermutlich nur in Ausnahmefällen, denn Intuition gehört zum Freiraum des Menschen.

Im Zwiegespräch beziehen Sie Gott als Gesprächspartner ein, mit dem Sie alles offen besprechen können, ohne etwas zu beschönigen.

Es muss ja nicht immer in einer dramatischen oder feierlichen Situation sein. Fällt Ihnen nichts ein, womit Sie sich an Gott wenden könnten, sprechen Sie einfach über alltägliche Dinge.

Auch einige unserer Gedanken-Bilder könnten sich dafür eignen.

Er »hört« Ihren Gedanken geduldig zu und freut sich, wenn Sie sich an ihn wenden.

Mit Gott kann man ganz normal reden, wie mit Vater oder Mutter. Es ist nicht nötig, sich in altertümlichen Redewendungen auszudrücken wie vor zweitausend Jahren oder in liturgischen Formulierungen.

Sprechen Sie mit ihm wie mit einem Fremden oder ängstlich, gehen Sie auf Distanz zu Gott, anstatt seine Nähe zu suchen.

»Gottesfurcht« kann man als Respekt vor Gott interpretieren, was durchaus Sympathie und Zuneigung erlaubt.

Alle positiven Eigenschaften, die ein Mensch haben kann, sind nach unserer Vorstellung bei Gott in einer nicht zu überbietenden Vollkommenheit vorhanden. Also müsste Gott auch über einen dementsprechenden Humor verfügen. Angesichts der Größe des Allmächtigen ist Menschen meistens so feierlich zumute, dass uns Gott gegenüber selten ein lockerer Spruch über die Lippen kommt.

Hielten Sie solche Gedankengänge für reichlich spekulativ, wenn wir versuchen uns in Gott hineinzuversetzen, könnte ich Ihnen nicht widersprechen.

Jedoch geht es auch um unser Verhältnis zu Gott.

Selbst den Kontakt zu Gott aufnehmen zu können, entspräche der gottgewollten Freiheit des Menschen.

Wenn Sie sich unablässig beobachtet und kontrolliert fühlen würden, wäre dies eine gravierende Einschränkung Ihrer Gedankenfreiheit. Wir reagieren sensibel und empört, sollten unsere Daten gehackt, wir von einem Spion bespitzelt oder einem Spanner ausgespäht werden.

Obwohl man sich kein (Götzen-)Bild von Gott machen soll, brauchen Menschen eine Vorstellung evtl. in Form von Symbolen wie dem Kreuz, um sich auf Gott konzentrieren zu können.

Symbole sind im weitesten Sinn z. B. Hinweisbilder und Verkehrszeichen. Aber auch Beschreibungen anhand von Beispielen können als Symbole dem besseren Verständnis dienen.

Die Bibel bietet in vielen Gleichnissen mit Symbolcharakter Hilfen an, um Gedanken an Gott eine Richtung zu geben.

Auch die Menschwerdung Gottes könnte u. a. eine symbolische Unterstützung sein, mit Gott gedanklich in Kontakt zu kommen.

Bemerkenswert ist, dass es in der Bibel so viele Beispiele und Gedankenbilder gibt. Insgesamt berichtet die Bibel im Neuen Testament über das Leben, das Wirken, das Leiden und Sterben Jesu – »Wer mir nachfolgt …«. Beispielhaft vorgelebt auf einem dem menschlichen Verständnis entsprechenden Niveau.

Es ist unsere selbstverantwortliche Entscheidung, ob wir den Beispielen der Bibel folgen.

Jesus Christus als Vorbild zeigt die Richtung auf, als Hilfe zur Wahl zwischen Leben und endgültigem Tod.

Glauben Sie an einen personalen Gott, in welcher Form auch immer, sollte er für Sie wahrscheinlich schon einige der beschriebenen Eigenschaften haben.

In der christlichen Mystik gibt es eine Meinung, dass Gott menschlich wird und der Mensch göttlich.

Irenäus von Lyon: *»Gott werde Mensch, damit der Mensch Gott werde. Gott und Mensch sind ineinander verbunden.«*

»Ich bin groß wie Gott, Gott ist klein wie ich. Er ist nicht größer als ich, ich nicht größer als Gott.«

Es widerstrebt mir zutiefst, Gott »klein zu denken«.

Dies würde auch kaum gelingen mit der Vorstellung von einem allmächtigen Gott, einem unendlichen Geist, in dem unser »kleines« Universum schwebt. Nur Gott selbst kann sich zurücknehmen, um auf Augenhöhe mit den Menschen zu kommen.

N. D. Walsch beschreibt in seinem Buch »Gespräche mit Gott«, was Gott ihm diktiert und er (als Sekretär oder Medium) aufgeschrieben hat. Damit gäbe es sogar den einzigen existierenden Gottesbeweis.

Jeder Satz wäre von Gott selbst formuliert, und ist damit (nicht nur grammatikalisch) angreifbar.

Hat ein Mensch eine vage Idee, eine Eingebung, kann er darüber nachdenken, diesen Gedanken vertiefen und mit eigenen Worten formulieren, und dafür selbst verantwortlich sein.

Dies gilt auch für spirituelle Überlegungen.

Gedankenskizzen:

Krankheit und Tod sind dem Werden und Vergehen geschuldet, wobei durch die Evolution Neues entsteht.

Ist Gott real, dann ist er überall und jederzeit gegenwärtig.

Gott leidet mit jedem Menschen und hält das Böse von ihm fern, wenn es dem eschatologischen Ziel nicht widerspricht.

Er führt uns auch nicht etwa in Versuchung, denn es ist für alle Seiten ein Glück, wenn es uns gut geht.

Dass für Sie die folgenden Anregungen eine Bedeutung hätten, kann ich nur vermuten. Jedoch könnte es eine Herausforderung sein, sich mit einigen weiteren christlichen Gedankenbildern zu befassen.

»Ihr seid in mir und ich bin in euch« d. h. Gott ist jedem Menschen stets nahe.

»Wie ein Meer von Luft in dem wir atmen, erfüllt uns Gottes Geist, in dem wir schweben.«

Gott empfindet Freude und Glück, Leid und Schuld im selben Maße wie der Mensch selbst, dessen Schmerzen, Hunger, Elend und Sterben er mit jedem Einzelnen gemeinsam durchlebt.

Gott ist zu den Menschen »hinabgestiegen«, die er liebt und deren Leid er gemeinsam mit ihnen trägt.

Der Kreuzestod ist damit auch ein sichtbares Zeichen, ein Symbol für das Mit-Leiden Gottes mit jedem einzelnen Menschen.

Auch Menschen werden von Menschen verfolgt, gefoltert, hingerichtet, leiden unter körperlichen oder psychischen Krankheiten,

Schicksalsschlägen, sorgen sich bis zur Verzweiflung. Dies ist der Preis für die Existenz sowie für die Freiheit des Menschen.

Um diesen Gedanken zu akzeptieren, muss man an Gott glauben.

Die Bibel zeigt unmissverständlich den christlichen Weg auf, wohin wir gehen, und was wir erwarten können. Der symbolische und metaphorische Charakter der Bibel stellt uns vor manche Fragen des »Wegeverlaufs.«

Durch Probleme und Leid wird die Menschheit reifer für friedliche Konfliktlösungen.

Die Menschen werden dem Geist des Schöpfers ähnlicher aufgrund einer Entwicklung durch Leid, vom Urmenschen bis hin zum unvollendeten »Anderen Geist«.

Über Schuld.

Eine Schuld bleibt bestehen, auch wenn ein Geschädigter verzeiht, womit lediglich das Leid geringer wird.

Tilgt Gott die Rest-Schuld des Menschen, wenn menschliches Leid dieser Schuld genügt hat?

Christen gehen von einem liebenden und nicht von einem strafenden Gott aus. Nach dem Tod erfolgt die Bestandsaufnahme des Lebens des einzelnen Menschen, dem Gott wohlwollend gesonnen ist.

Gott fällt kein »höchstrichterliches« Urteil nach menschlichem Maßstab. Der Mensch erkennt selbst alle seine Schuld, von der Christen hoffen, dass sie ihnen zusätzlich zur Erbschuld durch Christus am Kreuz abgenommen wird.

Wären wir denn schuldlos an allem, was wir Schlechtes getan haben und tun wollen, wenn Gott pauschal jedwede Schuld auf sich genommen und damit automatisch getilgt haben sollte?

Was tragen wir selbst zu unserer »Entschuldung« bei?

Gott fühlt mit jedem Menschen, wenn die Bilanz so negativ ausfällt, dass er ihn nicht davor bewahren kann, sich von ihm zu entfernen und sich zum Tier zurück zu entwickeln.

Der Mensch, mit seiner Entscheidungsfreiheit, ist selbst verantwortlich für sein Fehlverhalten, was wohl entsprechende Konsequenzen haben wird. Die Folgen kennt nur Gott, aber es bleibt die Hoffnung auf Wiedergutmachung.

Einen Anspruch darauf, die Wahrheit zu wissen, gibt es nicht.

Wir selbst würden unseren fehlgeleiteten Kindern, wenn noch irgendwie möglich, bei einem Weg ins normale Leben zurück beistehen. Eltern, die ihren Kindern richtige Verhaltensweisen theoretisch erklären, werden wenig Erfolg haben, wenn sie nicht beispielhaft vorleben, was sie verlangen.

Mit einer Demonstration ihrer »Übermacht« könnte eine höhere Macht den Menschen absolute Vorgaben diktieren und suggestiv einfordern. In Ehrfurcht erstarrt, ginge jede Freiheit, Selbstständigkeit und Selbstverantwortung verloren.

Die Furcht vor Gott würde die freiwillige Liebe zum Schöpfer ersticken.

Tillich:

»Gott ist nicht ein Seiendes, Gott ist das Sein,
Gott ist die letzte Realität, Gott ist Person,
Gott ist überall präsent, zu jeder Zeit,
Gott ist ewig, zeitlos, immer in der Realität des Jetzt.«

Sind auch wir nach dem Tod in einer geistigen Welt zeitlos?

Ein ewig währender Zustand, mit Veränderungsmöglichkeiten die zeitlich begrenzt, vorübergehend Vergangenheit und Zukunft erlauben?

Leben wir in einer »Zeitblase« von Anfang bis Ende unseres endlichen, materiellen Seins, zwischen Nichts und Nichts innerhalb der zeitlosen Ewigkeit?

Thomas von Aquin unterscheidet Dauer:

1. Tempus: gemessene Zeit,
2. Aevum: subjektive Zeit,
3. Aeternitas: Dauer, die Gott allein erfährt, mit dem gleichzeitigen

Erfahren aller Tempus- und Aevum-Ereignisse im Universum, vergangene, gegenwärtige und zukünftige.

Endet Tempus, muss Aevum nicht durch den Tod enden.

Der zeitlose, ewige Gott (Aeternitas) hat sich mit der Schöpfungstat auf die Zeit eingelassen.

Eine Person, die zehnmal mehr gedacht hat als eine Durchschnittsperson, hat im fundamentalen Sinn zehnmal länger gelebt.

Lassen Sie uns außer über Zeit auch über Geist nachdenken.

Entsteht Geist durch Energie oder Energie durch Geist?

Das Vakuum des Universums enthält Energie, aus der sporadisch Elementarteilchen hervorgehen.

Ist »außerhalb« im unendlichen Nichts, worin unser begrenztes Universum schwebt, Energie vorhanden?

Gott ist Geist.

Geist ist weder Energie noch materielles Sein noch Nichts.

Menschlicher Geist sind Gedanken – als Schrift »geronnener Geist«. Das Denken von Mensch und Tier wird in messbaren elektrischen Wellen von Materie und Energie produziert.

Jes. 42.3

Der Staub kehrt zur Erde, der menschliche Geist zu Gott zurück – auch ein gottesferner Geist, der »glimmende Docht«.

Was ist, wenn der Docht nicht mehr glimmt?

War menschlicher Geist vor dem Sündenfall bei Gott?

Kann er durch die Erlösung von der Erbsünde wieder dahin zurück?

Gott hat sich mit jedem einzelnen Menschen solidarisch gezeigt, dessen Kreuz in dieser Welt Leid, Krankheit und Tod ist. Sterben ist das Hineinsterben in die Dimension Gottes, wo Raum und Zeit aufgehoben sind.

Die geistige Individualität stirbt nicht, auch wenn die körperlichen Funktionen erlöschen.

Der Glaube eröffnet eine Perspektive auf ein Jenseits, denn der Mensch lebt nach dem Hoffnungsprinzip.

Der ewige Gott zieht dieses kleine Wesen zu sich herauf und macht den Menschen zu seinem Gegenüber, zu seinem Partner. Zum Du, mit dem er sprechen kann, wie ein Mensch mit seinesgleichen spricht.

Der Mensch ist zwar kleiner, aber durch Gott kaum niedriger als Gott.

Einige weitere Gedanken darüber, was die Menschen bewegt:

Der Ausgangspunkt aller spiritueller Überlegungen des Menschen ist das Wissen, sterben zu müssen und die Frage, ob danach irgendeine weitere Existenz möglich sein könnte.

Eventuell speichert die Seele alles, sogar das Unterbewusste und jede Gefühlsregung des Menschen, womit sich seine Persönlichkeit mit dem Geistköper der Seele einmal im Jenseits weiterentwickeln wird. Jede individuelle Eigenschaft und jeder Vorgang wird für immer bewahrt.

»Alles was du wahrnimmst, was du denkst und was du tust, ist auf der Festplatte deiner Seele gespeichert.«

Damit steht die Frage im Raum, warum Ihr ganzes Leben mit allen Emotionen gespeichert werden sollte, wenn man nicht darauf zugreifen wollte. Vielleicht könnte es möglich sein, dadurch in einer geistigen Welt virtuell eine irdische Realität nach Bedarf herzustellen.

Dann würden Sie z. B die Zeit mit Ihren Lieben wieder erleben und mit dem Hund spazieren gehen können.

Dieser Zustand bestünde nicht nur für Sie selbst, sondern auch für die virtuelle Realität, in der sich alles befindet.

Wissen wir denn, ob unser irdisches Leben nicht virtuell ist?

Nach Thomas von Aquin ist die Seele die Form der Aktivität des Körpers. *Die zwei Fähigkeiten der Seele:*

1. *Der agierende Intellekt, der sich Informationen und Vorstellungen aneignen kann und*
2. *der rezeptive Intellekt, der sie bewahren und sich ihrer bedienen kann.*

Könnten Sie sich vorstellen, dass in der Geisteswelt einer anderen Dimension zwei Beine zur Fortbewegung nötig wären?

Mit der Auferstehung des Körpers sind wohl die spezifischen, unverwechselbaren Eigenschaften des Menschen gemeint.

Es liegt in der menschlichen Natur, mit Hilfe der Fähigkeit des abstrakten Denkens, Theorien über ein Jenseits aufzustellen. Jede Theorie braucht eine Grundlage und weitere Bestätigung durch eine »Spurensammlung« von Fakten und Hinweisen.

Die Menschen haben unterschiedliche Vorstellungen davon, was sie unter Gott verstehen. Auch manche Mitglieder der gleichen Konfession interpretieren ihren Glauben, als würde jeder anders mit der drängenden Gottesfrage umgehen.

Darauf deuten die unterschiedlichen Ansichten hin, die bei unserer Spurensuche deutlich wurden.

Theorien in der Naturwissenschaft können durch Fakten bestätigt oder widerlegt werden, was den Religionen als Ideologien abgeht. Es ist längst noch kein Gottesbeweis, dass es naturwissenschaftlich gesicherte Erkenntnisse gibt, wodurch sich die Hinweise auf einen Schöpfer verdichten.

Durch Geist wurde im All komprimierte Energie aus dem Nichts erschaffen, die in einer gewollten Entladung im Urknall unser Universum hervorbrachte. Gott war und ist in dieser andauernden Eruption gegenwärtig, hat sich auf die Zeit eingelassen und gab die Naturgesetze und Regularien vor.

Zur Entstehung von Materie, von Leben und »Anderem Geist«.

Wir befinden uns im überall gegenwärtigen All-Geist wie in einem Magnetfeld, von dem wir durchdrungen sind.

Gott ist in jedem noch so kleinen Bereich (in jedem Atom), im gesamten Universum und darüber hinaus gleichzeitig überall gegenwärtig.

Übrigens gibt es bei Elektroteilchen den Effekt der »Verschränkung«. Einem Elektron, auch wenn es Lichtjahre von seinem mit ihm verschränkten Partner entfernt wäre, passiert im gleichen Moment dasselbe – wieso, ist unbekannt.

Existiert Gott in einer übergeordneten geistigen Dimension, die alle anderen Dimensionen umfasst?

Gott ist allwissend, er kennt jeden Menschen besser als der sich selbst. Er freut sich über alles, was ein Mensch Gutes tut.

E. Kant: *»Der Mensch hat eine Grundtendenz Gutes zu tun, sogar wenn es keiner sieht.«*

Was die christlichen Gedankenbilder beinhalten, sollten Sie zumindest teilweise auch bei einer nichtchristlichen höheren Macht finden können, welches Gottesbild Sie auch immer haben.

Es gibt die Meinung, dass Menschen bereits auf einer höheren Ebene im Jenseits beginnen, wenn sie auf der Erde eine durch Leid bedingte Persönlichkeitsentwicklung durchgemacht haben.

Der Mensch ist mit seinen Eigenschaften genetisch definiert, unabhängig von seiner irdischen intellektuellen Entwicklungsstufe. Auf der Basis seiner Seele ist er in einer geistigen Welt weiter entwicklungsfähig.

Unser Dasein verdanken wir dem Schöpfer und unseren Eltern.

Unsere Existenz beginnt mit der Verbindung der genetischen Informationen aus der DNA der Eltern, die nicht aus dem Nichts erschaffen wurde (wie das Universum), sich vielmehr aus vorgegebenen Randbedingungen (geplant) entwickelt hat.

Wir sind geworden, mit allen unseren körperlichen, geistigen und charakterlichen Eigenschaften (und der Seele), die als genetische Informationen auf der Doppelhelix der DNA vorgegeben sind.

In einem riesigen Universum sind wir durch die Evolution in die Welt gekommen.

Für diesen »Zufall« Ihrer Existenz sollten Sie dankbar sein.

Hat Gott an chaotischen Schnittpunkten in die werdende Schöpfung eingegriffen, uns zwar nicht direkt »erschaffen«, aber die Voraussetzungen dafür geschaffen, dass Sie und ich leben?

Wurde das individuelle Leben jedes Menschen von Gott schon vor dem Urknall geplant?

Wir haben trotz aller Gefahren, ab der Zeugung über die Geburt bis heute gelebt, was alles andere als selbstverständlich ist.

Nach einer philosophischen Theorie:

Je nach Entwicklungsstand des Gehirns, das wie eine Antenne wirkt, könnte weniger oder mehr geistiges Potenzial aus der geistigen Dimension abgerufen werden.

Eine Weiterentwicklung des Gehirns wird somit sinnvoll.

Hat bei einem Genie durch Mutation das Gehirn größere Sensibilität erworben, eine empfindlichere Antenne?

Auch ein höher entwickeltes Gehirn, als Ansammlung von Atomen und Molekülen, kann kein höheres Bewusstsein kreieren.

Es ist lediglich ein Fleischklumpen mit elektrochemisch vernetzten Impulsen, die ein Bewusstsein im animalischen Bereich erlauben.

Über die Seele.

Ist die Seele eine geistige »Zuordnung«, die den Kontakt zur geistigen Welt vermittelt? Die ab dem Beginn der Existenz des Menschen an sämtlichen geistigen und körperlichen Vorgängen teilnimmt und den Menschen besser kennt als er sich selbst?

Übernimmt die Seele die Rolle des geistigen Körpers mit allen relevanten Eigenschaften des irdischen Körpers nach dem Tod des Menschen? Auch in der Art einer Hormonsteuerung, die einen wesentlichen Einfluss auf die emotionale Verfassung des Menschen hat.

Nach dem Alten Testament sind Seele, Geist und Leib eine Einheit. In der griechischen Anschauung sind Seele und Körper unterschiedlich.

Ein anderer Denkansatz zum ewigen Leben:

Stirbt ein Angehöriger, existieren sein Körper und Geist nicht mehr. Jedoch lebt er im Gedächtnis der Menschen und in den Spuren, die er hinterlässt, weiter.

Damit die Erinnerung nicht verblasst, gedenken wir am Grab oder zu bestimmten Anlässen der Toten. Allerdings ist dieses »Weiterleben« naturgemäß zeitlich begrenzt.

Ein Mensch, der an Gott glaubt, hat über seine Seele einen Bezug zu Gott.

Durch Gottes Zuwendung bleibt seine Seele, die geistige Identität des Menschen, im »Gedächtnis« Gottes ewig existent. So wird der Mensch unsterblich und steht durch die niemals endende seelische Verbundenheit mit Gott im ewigen Dialog.

Oosterhuis

Bei einer Umfrage nach der Bedeutung des Wortes »Gott« gaben bis zu 70 % der Befragten an, dass sie an so etwas wie Gott glauben, konnten aber nicht erklären was sie glauben, und was »glauben« heißt.

Dieser strenge Allmächtige sei ein großes Rätsel. Man könne ihn nicht begreifen, und das sei halt »glauben«.

Die Bibel hat etwas von einem »Gegen-den-Strom-denken« an sich, ein »Und trotzdem«. In der Bibel ist Gott der Wortführer eines »Trotz-allem-Denkens«, eines unvernünftigen Optimismus.

»Lasst uns Menschen machen nach unserem Bild, die uns ähnlich sind«. In diesem Ursprung liegt die Hoffnung auf die Zukunft des Menschen.

Die Bibel ist keine Gebrauchsanweisung von Gott, die wir einfach eins zu eins umsetzen und uns aus unserer Verantwortung stehlen können.

Der Talmud ist eine Methode, einzelne Texte der Bibel zu erklären, indem man sie in den biblischen gesamten Zusammenhang setzt.

Die Bibel insgesamt ist die Erzählung von einem »Befreier-Gott«. Schuf Gott den Menschen nach seinem Bilde, dann schuf er ihn so, dass Menschen einander befreien können. Sich selbst befreien von Unterdrückung und Versklavung. Einander vergeben, in der Medizin suchen gegen Krebs und Aids. Den Ärmsten helfen gegen Krankheit und bei Naturkatastrophen.

Gott »übergibt« die Erde den Menschen.

»Füllt die Erde und unterwerft sie euch« (Genesis 1,28).

Dieser Auftrag und Segen zeigt den Umfang der menschlichen Freiheit und Verantwortung.

Gott setzt den Anfang mit dem Projekt »Himmel und Erde«.

Menschen sollen es weiterentwickeln, sich die Erde unterwerfen, nicht ausbeuten – bewahren und kultivieren.

Volle Freiheit bedeutet volle Verantwortung. Es ist die Sache der Geschöpfe Gottes, was sie daraus machen, denn sie entscheiden selbstverantwortlich und frei über ihr Tun.

Nur im Verborgenen kann Gott versuchen, auf den richtigen Weg Einfluss zu nehmen.

Nicht mehr – sonst wäre die Freiheit des Menschen nichts mehr wert.

»Der Himmel gehört Gott, die Erde hat er den Menschen gegeben« (Psalm 115).

Die Menschen hat er einander gegeben, sie verantwortlich gemacht für die gemeinsame Zukunft; sie ausgestattet für das Gute mit Herz, Seele und Verstand, mit einem Gewissen, das Unrecht schon im Voraus ahnt.

Da Gott freie Menschen schuf, gab er einen Teil seiner Schöpfung aus den Händen. Durch die sich selbst auferlegte Beschränkung kann er keine Katastrophe verhindern. Wir selbst haben die Möglichkeit, uns gegenseitig die Schuldenlast zu erleichtern, ein neues Auschwitz nicht zuzulassen, neue Heilungsmethoden aufzuspüren und mit Krankheit und Leid zurechtzukommen.

Nach der Bibel gibt es einen Gott der Liebe, der die Menschen hoch achtet, der ihre Liebe möchte. Wie sollte er unsere Liebe wollen, wenn er uns nicht frei gemacht hätte, ihm diese Liebe zu schenken oder zu verweigern. Eine unfreiwillige Liebe ist nichts. Gott will unsere Freundschaft, unsere gleichwertige Liebe.

Falsch ist die Vorstellung von einem Gott, der das Böse, was Menschen einander antun, verhindern könnte, es aber nicht tut. Der Gott der Liebe, der die Menschen anfleht, sich zueinander zu bekehren, ist lebbar.

17 Wozu? Der eigentliche Sinn

Über Glück.

Für das Glück bleibt wenig Raum, da es in dieser Welt viel Leid und Unglück gibt. Reales Unglück kann Sie treffen, ob Sie etwas dafür können oder nicht.

Noch mehr stehen Sie Ihrem Glück durch eigene irrationale negative Gedanken, Bedenken und Sorgen im Weg.

Lediglich Unglück zu vermeiden, macht möglicherweise zufrieden, aber noch nicht glücklich.

Glück braucht eine Ursache. In den meisten Fällen werden Sie selbst aktiv werden müssen, um einen Auslöser zu finden, der zu Glücksmomenten führt.

Glück und Unglück sind Gegenpole, die einander beeinflussen können.

Ein Beispiel: 1945, ich war sieben Jahre alt, und es gab täglich Fliegeralarm. Sirenen heulten, Staffeln von Bombern dröhnten über Regensburg hinweg und die Menschen hasteten in die Luftschutzkeller. Die Unglücklichen saßen auf ihren Bündeln und erwarteten mit Angst einen Bombeneinschlag, verschüttet und getötet zu werden.

Dann kam »der Ami« und die Nazis sprengten alle Brücken zu uns auf die Donauinsel.

Die Versorgung brach zusammen, und wir hatten nichts mehr zu essen. Zu allem Unglück starb der einzige Bäcker, der unter seiner Ladentüre stand, als eine Bombe vor ihm explodierte.

Im Gasthaus »Zur Silbernen Gans« hatten sie einige wenige Laibe Kartoffelbrot gebacken. Eine große Ansammlung hungernder Menschen wartete auf dem Vorplatz und jeder hoffte, ein Brot zu bekommen. Wir Kinder standen ganz vorn.

Jemand gab mir ein Brot, einen Zweipfünder. Ich sehe ihn noch vor mir. Er war noch warm, roch fantastisch, hatte eine goldbraune Farbe und feine Brüche in der knusprigen Kruste.

Ich rannte mit dem duftenden Glück in den Armen heim zur Mama.

Heute kann ich jederzeit Brot essen, aber es macht mich nicht mehr glücklich, höchstens satt und zufrieden.

Kleineres oder größeres Unglück versuchen wir mit unterschiedlichen Varianten von Glücksgefühlen zu kompensieren.

Von Wellness bis zur Leidbewältigung.

Wenn wir ein großes Unglück bewältigen können, beschert uns das mehr als nur Zufriedenheit, dann sind wir glücklich.

Auch das »große Glück«, egal ob es ohne oder mit Ihrem Zutun entstanden ist, braucht laufend Ihre Unterstützung, damit es anhält.

Wenn dies gelingt, verstärkt das damit verbundene Erfolgserlebnis Ihr Glück durch ein »flow« d. h. »fließendes Glück«. Abhängig davon, wie schwerwiegend das Problem war, wird der Wert des Glücks durch einen Erfolg sein.

Der Idealzustand wäre erreicht, wenn durch fortwährende Anwesenheit von Glück das Unglück keine Chance mehr hätte.

Was aber nur für unsere Unglücksfantasien möglich ist, die das Glück blockieren, nicht aber für unvermeidliches Unglück.

Auch der Dalai Lama, der angeblich immer glücklich ist, wird sich dem Unglück seines Volkes stellen müssen.

Glücklich sind die Menschen nur begrenzte Zeit, dann braucht es ein neues Glück.

Es gibt eine Sehnsucht, in einer idealen Welt fortwährendes, vollkommenes Glück zu erleben. Rundum zufrieden zu sein, ohne befürchten zu müssen, dass sich dieser Glückszustand auflöst und ins Gegenteil umkehrt, wie wir es in unserer realen Welt allzu oft erfahren.

Dem Schöpfer des Universums wird es in seiner Allmacht wenig Mühe bereitet haben, die Welt mit seinen Gedanken zu erschaffen.

Dementsprechend war er, nach unserer Vorstellung, damit vielleicht mehr zufrieden als glücklich.

Dass der Mensch aus der Schöpfung hervorging, hat der Allmächtige einfach gewollt, und es geschah.

Die Berechenbarkeit des Menschen, ob dieser sich Gott zuwendet oder von ihm abwendet, gab Gott aus der Hand.

Hat Gott ein flow, wenn es glückt, den Menschen durch die Vorsehung im Verborgenen für sich zu gewinnen, ohne seine Freiheit zu beeinträchtigen?

Über »Liebe«.

Jemanden zu lieben, den man nicht sieht und nicht kennt, von dem man lediglich zu wissen glaubt, dass es ihn gibt, ist sicher nicht leicht.

Geht einem dazu noch jede Form von Fanatismus ab, bleiben lediglich angesammelte Informationen und evtl. verinnerlichte Traditionen, um intuitiv ein Gefühl von Zuneigung zu Gott empfinden zu können.

»Liebe« hat unterschiedliche Formen, die mehr oder weniger stark besetzt sein können.

In der frühen Entwicklungsphase des Säuglings bilden sich im Gehirn individuell typische, bleibende Nervenverbindungen aus. Menschen mit ähnlichen oder gleichen Mustern finden sich sympathisch.

Bei unterschiedlichen Mustern »stimmt die Chemie nicht«.

Es ist bereits eine Form der Zuwendung, wenn man jemanden nicht unsympathisch findet. Menschen, die sich sympathisch sind, verstehen einander besser.

Können sie sich nicht leiden und sei es nur vorübergehend, reden sie oft aneinander vorbei.

Man will sich dann überhaupt nicht verstehen, da man den Anderen ablehnt.

Mit Freundschaft verbindet man, dass zumindest gelegentlich die eigenen Interessen zugunsten des Freundes zurückgestellt werden.

Wenn es nicht bis zum übersteigerten Narzissmus getrieben wird, ist es in Ordnung, sich selbst zu lieben.

Der Idealfall wäre wohl, dass die Menschen einander lieben wie jeder sich selbst liebt. Nächstenliebe als soziales Verhalten.

Manche Menschen verfallen in ein Extrem und lieben andere bis zur Selbstaufgabe aus unterschiedlichen Gründen. Vielleicht um mehr Anerkennung zu bekommen, aus (Oxytocin-gesteuerter) Elternliebe oder wegen sexueller Hörigkeit usw.

Menschliche Liebe verändert sich durch innere, äußere, genetische, hormonelle und umweltbedingte Faktoren. Durch Meinungsänderungen oder andere Verhaltensweisen des Partners (Spiegelneuronen). Durch emotionale Einflüsse wie Mitgefühl, Mitleid usw. Es gibt selbstsüchtige, aber auch uneigennützige Liebe (Agape).

Die Liebe des Menschen ist ein Patchwork vieler Facetten. Hormongesteuert, je nach Testosteron, Östrogen, Oxytocin, Dopamin – der Wissenschaft sind etwa 100 körpereigene Stoffe bekannt, vermutet werden noch wesentlich mehr.

Ein Nobelpreisträger hat eine Formel für sinnvolles soziales Verhalten gefunden:

Mehrt A den Nutzen von B – mehrt sich der Nutzen von A.

Das gilt für Völker, Menschen, den Abschluss von Geschäften, sogar für Tiere in Symbiose.

Je mehr B von A geliebt wird, umso mehr wird A von B wiedergeliebt.

Wenn Gott A ist, wartet er darauf, dass B, der Mensch, sich Gott zuwendet, an ihn glaubt und ihm vertraut als die »kleinste« Form der Liebe.

»Wer nicht für mich ist, ist gegen mich.«

Man kann nicht wirklich wissen, dass es Gott gibt. Wir können es nur glauben. Oder wir glauben, dass es ihn nicht gibt, was wir auch nicht wissen.

Nur manchmal bei Bedarf an Gott zu glauben bedeutet, ihn überwiegend abzulehnen.

Bleibt die Liebe des Schöpfers in einer idealen Form unveränderlich groß, auch wenn ein Mensch sie nicht mehr verdient? Könnte göttliche Liebe so sein, dass Gott uns liebt wie er sich selbst liebt?

Liebe ist verbunden mit Opferbereitschaft und Schmerz.

Die Sorge um einen geliebten Menschen ist größer als um einen flüchtigen Bekannten.

Eine Enttäuschung ist umso größer, je wichtiger mir der Andere ist. Der Schmerz über den Verlust einer geliebten Person ist nicht damit zu vergleichen, als wenn der nette Nachbar sterben würde.

Je größer die Liebe, umso größer der mögliche Schmerz. Ist Gottes Liebe für jeden von uns die größte und tiefste die es geben kann, entspricht der Schmerz dieser Liebe.

Gott fühlt alles mit, was dem Menschen widerfährt, als würde es ihn selbst betreffen, nicht nur aus der Distanz als Mitgefühl oder Mitleid.

Der Körper des Menschen ist mehr als das Vehikel für seine Psyche. Der Mensch ist Körper und Geist, sodass Gott körperliche Verletzungen und Krankheiten mit erträgt.

Er erleidet Folter, Verzweiflung, Angst und das Sterben jedes Menschen mit. Solange es die Menschheit gibt, erlebt Gott ein unendlich großes Leid nicht allein am Kreuz, sondern auch weiterhin gemeinsam mit jedem Menschen auf der Erde, unsere Vorfahren und Nachfahren eingeschlossen.

Es muss ihm sehr ernst sein damit, dass ein eigenständiger Geist aus Leben hervorgehen soll.

Gott hat die Welt erschaffen und wenn das unseretwegen geschah, dann hat er uns so viel gegeben, dass wir tief in seiner Schuld stehen. Was sollten wir ihm auch zurückgeben können, was er nicht schon besitzt?

Einzig unsere Zuwendung, der Glaube an ihn gehört ihm erst, wenn wir dazu freiwillig bereit sind.

Durch bildhafte Vorstellungen kann ein Gefühl entstehen.

Z. B. durch ein Gedicht: »Die Sonne malt auf glänzenden Matten der Bäume gigantische Schatten.« (Schiller).

Manch einer kommt dabei in eine friedliche Abendstimmung.

Oder man identifiziert sich in einem (Liebes-)Roman mit den Figuren, leidet mit und ist erleichtert, wenn alles gut geht.

Malen Sie sich aus, dass Gott Ihretwegen das Universum erdacht, erschaffen und Sie auserwählt hat, damit Sie leben. Dass er Sie sehr liebt, sich mit Ihnen freut und glücklich ist, wenn es Ihnen gut geht.

Dass der Schöpfer Sie durch die Vorsehung betreut, mit Ihnen mitleidet, deshalb in Menschengestalt beispielhaft gelebt hat und um Ihretwillen qualvoll gestorben ist.

Dass Gott auf Ihre freiwillige Zuwendung hofft, obwohl er meistens enttäuscht wird – dann könnte dies vielleicht ein Gefühl von Nähe und Zuneigung zu Gott entstehen lassen.

Der Gedanke ist phänomenal, wirklich glauben zu können, dass der Mensch nach seinem Tod ein ewiges Leben haben wird, das nie mehr zu Ende geht.

Vielleicht ausgestattet mit einem Verstand, dem nichts im Universum unbekannt ist.

Der hohe Grad an Empathie aller, bei absoluter Freiheit des Einzelnen, kennt keine Konfrontation mehr – wir nennen es Frieden.

Womöglich werden wir in kleinen Schritten an Gottes Allwissenheit partizipieren und uns weiter entwickeln.

Denkbar wäre, dass der Mensch in einer jenseitigen Welt in absoluter geistiger Klarheit die wahre Wirklichkeit erkennt.

Was er Gutes getan und welchen Berg an Schuld er in seinem ganzen irdischen Leben angehäuft hat.

»Was du den Menschen angetan hast, das hast du mir getan.«

Dem Menschen wird in allen Einzelheiten bewusst, wie er sich gegen Gott, seine Mitmenschen und die Umwelt vergangen hat – so wird er zu seinem eigenen Richter.

Mit dieser Schuld könnte der Mensch nicht zu Gott gelangen.

Nur Gott selbst kann den Menschen von dieser Schuld befreien und ewiges Leben ermöglichen.

Lukas 13.25.
Jesus: »*Die Tür zu Gottes neuer Welt ist schmal! Ihr müsst schon alles daransetzen, wenn ihr durch diese Tür hineinkommen wollt. Viele werden es versuchen, aber es wird ihnen nicht gelingen.*«

Lassen Sie uns ein wenig davon träumen, was uns im Jenseits erwarten könnte, auch wenn es nur Spekulationen sind:

Wir werden zu den Sternen reisen. Wir denken uns einfach hin und können von Stern zu Stern springen, auf dem Spiralarm der Galaxis reiten, am Rand eines Schwarzen Loches surfen und uns im galaktischen Adler Nebel (siehe Umschlagbild) von einer Seite zur anderen schwingen.

Es ist uns möglich, in den Glutofen einer Sonne einzutauchen, in einem Heliumatom zu verweilen und zuzusehen, wie daraus ein Kohlenstoffatom entsteht.

Und wir begeben uns an den Rand des Universums, denn
14 Milliarden Lichtjahre haben für uns keine Bedeutung.

Trotz allem können wir uns kaum vorstellen, was uns nach dem Tod erwartet.

Die Metamorphose im Tod des an den materiellen Körper gefesselten menschlichen Geistes in reinen Geist, ist der Beginn des ewigen Lebens.

So müssen wir uns entscheiden, welchen Weg wir zu einem Ziel gehen wollen, das unseren Hoffnungen nahe kommt.

Folgen wir den Hinweisen, unserem Verstand und unserer Intuition, kann bei manchen von uns daraus die feste Überzeugung werden, dass der Tod nicht das Ende ist.

Wieviel Leid können Menschen ertragen und wieviel Leid erträgt Gott?

Mehr noch als Menschen lieben und leiden, liebt Gott »seinen« Menschen mit dem er Freude und Leid teilt.

Unter Milliarden Menschen ist Gott jeder Einzelne so wichtig, dass er ihn liebt, als gäbe es sonst niemanden in der Welt. Enttäuschen Sie ihn nicht.

Wir wissen nicht, wie weit diese Überlegungen zutreffen könnten, aber sie lassen uns die Liebe Gottes erahnen.

Die Freiheit des Menschen steht für Gott über allem.

Erst aus dem Geschenk freiwilliger Liebe erwächst in einer Partnerschaft das »Große Glück«.

Menschen glauben an Gottes Empathie und Emotionen. Mit einer Fülle an Liebe in einer Dimension, wie sie nur Gott eigen sein kann.

Gott, in seiner überbordenden Liebe hat das Verlangen, seine Liebe an jeden Menschen zu verschenken und selbst geliebt zu werden.

Hat Gott als eigentliche Ursache der Schöpfung einen gigantischen Aufwand auf sich genommen, um jeden Menschen zu lieben und wieder geliebt zu werden?

In einen Glückszustand kann man sich nicht einfach hineinversetzen. Um glücklich zu sein, braucht es einen Grund von außen, einen Auslöser, der Glück hervorruft.

Ohne eine Person oder etwas, das wirklich glücklich macht, gibt es kein Glücksgefühl.

Ein Mensch, in Ewigkeit geborgen in Gottes unendlicher Liebe, kann immerwährend glücklich sein.

Jede »Menschenseele«, die sich für Gott entscheidet, ist für Gott ein Glückserlebnis und deren Liebe für immer eine Quelle des Glücks.

Vielleicht sind die Bestimmung und der eigentliche Sinn des menschlichen Lebens, Gott zu lieben und zum Glück Gottes etwas beizutragen.

Malum naturale

Am Morgen

Mit Nässe geschwängert sind Luft und Erde,
auf glänzenden Blättern glitzert perlend der Tau.
Aus Westen heran jagt schwarz eine kolossale Wolkenherde,
bald wird es regnen, der Wind bläst schon rau.
Im Osten scheint schräg die grelle Sonne,
blendet durch dichten Nebel und erstickt jede Sicht.
Silhouetten wabern wie weiß gleißende Geister,
man erkennt sie nicht.

Am Vormittag

Stürmischer Wind zerfetzt des Nebels letzte Spuren,
zersprühende Tropfen verwischen in düsterem Licht violette Konturen.
Wütende Böen lassen im Wald die Bäume wogen,
packen Büsche im Nacken und zwingen sie auf den Grund.
Peitschende Zweige schnellen wieder nach oben
und schütteln sich wie ein nasser Hund.
In plötzlicher Stille hacken und knallen Regengeschosse,
die auf fleischige Blätter prallen.

Am Mittag

Aus der Höhe bricht es prasselnd heraus aus der kreißenden Wolkenmasse
hinab auf die geschundene Flur.
Zerplatzendes Wasser sprengt die Erde aus Feldern auf die Straße
und die gurgelnde Schlammlawine kann der Graben nicht fassen.
Bergab bleibt die reißende Flut Richtung Dorf in der Spur.
Zäune zersplittern, Mauern bersten, krachend stürzt ein Vordach ein.
Die braune Wasserwalze schwillt an im herabstürzenden Regen
und schleudert Schlamm, Holz und Geröll in Keller und in Wohnungen hinein.
Was im Weg ist, brutal verwüstend, vernichtend, zerlegend,
und nichts stellt sich dieser brachialen Gewalt entgegen.

Am Abend
Abrupt stoppt der Regen –
auf ein schlammiges Chaos zeigen durch Wolkenlücken
höhnisch strahlende Sonnenfinger.
Einige Leute versuchen Balken wegzurücken,
sie können jedoch niemanden finden.

Hans Zirngibl

Zum Text auf S. 109

Die Blaue Stunde

Der Abendwind singt sein Lied noch spät,
eine Melodie, die das Tal durchweht.
Und der Bach stimmt ein mit silbrig-hellem Klang,
fließt leise rieselnd über Kiesel
und mäandert die Wiese entlang;
gluckert ruhig dahin in seinem Bett mit gutturalem Murmeln
und strömendes Rauschen wird in den Kurven zum hohlen Gurgeln.
In Kaskaden plätschert kristallklares Wasser pizzicato spritzig bergab,
wirbelt strudelnd zwischen Steinen und gischtend quirlt hinab
der kleine Wasserfall über den Wiesenhang.
Hoch oben auf des Baumes Spitze sitzt die Amsel
und flötet melodisch dazu im Sopran.
Drüben am Ufer, versteckt in dem großen Busch,
quakt kontinuo im Bass exakt den Takt der grüne Frosch.

Die Abendsonne taucht das Tal in ein warmes Licht
und der Bäume gewaltige Schatten wachsen riesig lang
auf gold-schimmernden Wiesen in's Gigantische an.

Zusammengeruckelt in den Zweigen sitzen zwitschernde Vögel
und stecken, aufgeplustert für die Nacht, das Köpfchen unter den Flügel.
Aus dem Gebüsch piepst es hin und wieder ein wenig verträumt herauf.
Die Hasen hoppeln etwas umher, nur so zum Spaß,
drücken sich warm aneinander und mümmeln im Schlaf,
verborgen im hohen Gras.
Weit unten im Dorf muht eine Kuh.
Der Uhu ruft nochmal - und nun ist Ruh`.

Kühler Dunst hüllt die Wiese in ein transparentes Nebelgewand,
das unter dünnen Schleiern
die Füße der Bäume verbirgt.
Wenn der alte Tag, kraftlos, langsam erstirbt,

zerrieseln Konturen wie feiner Sand und Farben schwinden fahl im Zwielicht.
In grauer Ferne erscheinen die Phantome diffuser Gestalten;
die schmalen Silhouetten einiger Rehe treten aus dem Dickicht und verschmelzen als blasse Schemen mit dem Dunkel am Waldrand.
In der Stille eine einzelne Grille zirpt.
Ganz langsam schwebt das Blau der Dämmerung immer dichter heran.

Die Sonne versinkt im letzten roten Schein
müde hinter die Wipfel der Bäume; hinein
in den tiefschwarzen Wald.
Behutsam und sacht bedeckt die Dunkelheit der Nacht
das schlafende Tal.

Hans Zirngibl

Zum Text auf S. 29

Bereits vom Autor erschienen

Hans Zirngibl
Mit Rücken-, Knie- und Hüftproblemen leichter leben

Wir gehen, wandern und laufen vorlastig instabil im Ungleichgewicht. Der Schwerpunkt befindet sich vor dem Körper, das Knie schert bei jedem Schritt nach vorn aus und muss in dieser Position kurz das ganze Gewicht tragen. Die Lendenwirbelsäule knickt ins Hohlkreuz und ist ebenfalls einer starken Belastung ausgesetzt. Mit einer wenig trainierten Muskulatur fehlt die notwendige Stütze. Es kommt durch den Verschleiß von Rücken, Knie, Hüfte und evtl. einem Spreizfuß zu schmerzhaften Beschwerden.

Durch die Ergonomische Laufgymnastik wird neben der allgemeinen Fitness die Rückenmuskulatur bei jedem Schritt ohne Überforderung intensiv trainiert. Der Schwerpunkt befindet sich im absoluten Gleichgewicht senkrecht unter dem Körper wie z. B. beim Ski-Langlauf. Die Statik wird stabil, wodurch Gelenke und Wirbelsäule nicht mehr überlastet sind. Auch übergewichtig oder sportlich wenig trainiert kann man sich ergonomisch im Alltag locker und womöglich schmerzfrei bewegen.

Die Abwärtsspirale des körperlichen Abbaus lässt sich bremsen und die Lebensqualität wieder nachhaltig verbessern.

ISBN: 978-3-7460-5718-7